U0918512

“十四五”职业教育国家规划教材

保育员口语与沟通

（第二版）

苑望 主编

邓琳 副主编

中国教育出版传媒集团
高等教育出版社·北京

内容提要

本书是中等职业教育幼儿保育专业核心教材，依据“幼儿保育专业教学标准（中等职业教育）（试行）”，并参照《幼儿园工作规程》在2021年第一版的基础上修订而成。

本书共分为三个模块、六个项目。主要内容包括：普通话语音、朗读、复述、讲故事、交谈、保育师职业用语等口语交际相关知识。

本书配套电子教案、演示文稿等辅教辅学资源，请登录高等教育出版社新形态教材网（https://abooks.hep.com.cn）获取相关资源。详细使用方法见本书最后一页“郑重声明”下方的“学习卡账号使用说明”。

本书可作为中等职业学校幼儿保育专业教材，也可作为高职院校学前教育专业3+2学制的学生用书及托幼园所保育师在职培训用书。

出版说明

中等职业教育担负着培养德智体美劳全面发展的高素质劳动者和技术技能人才的任务，是国民教育体系的重要组成部分，与普通高中教育具有同等重要地位。教材是人才培养的重要载体，加强教材建设是深化“三教”改革的重要一环，是推进人才培养模式改革的重要条件，对促进现代职业教育体系建设，提高职业教育人才培养质量具有十分重要的作用。

2020 年 4 月教育部发布《关于做好中等职业学校国控专业设置管理工作的通知》，要求中职两年内（2021 年截止）不再开设学前教育专业，全部转设为幼儿保育专业；2021 年 3 月教育部公布《职业教育专业目录（2021 年）》，中职教育类专业撤销学前教育专业，只保留幼儿保育专业。基于中职教育类专业的转设背景，课程及教材建设发生了较大变化。

为满足教学需求，高等教育出版社启动了中职幼儿保育专业教材的编写工作，邀请了本专业领域具有丰富教学和教科研经验的知名专家、双师型优秀骨干教师以及熟悉行业、企业发展的高级技术人才参与教材编写，他们是提升教材编写质量的重要保障。本套教材主要突出以下五个特色：

1. 落实立德树人，突显课程思政。教材把立德树人融入文化知识教育、技术技能培养、社会实践教育等各个环节，突显课程思政，融入职业精神和工匠精神，满足“三全育人”的总要求。

2. 遵循教学标准，彰显类型特色。教材编写准确把握职业教育改革的最新精神，依据课程目标的变化，及时更新课程内容，体现最新的教育思想和教育理念，反映当代社会进步、科技发展、学科发展前沿和行业企业的新技术、新工艺和新规范，传播先进的教学内容。

3. 对标行业标准，探索岗课赛证融合。教材从技术岗位复合型人才需求出发，以行业认证、技能竞赛的能力和素养要求为目标整合教学内容，实现学生“课程教学—技能竞赛—企业考证—职业能力”的相通培养。

4. 遵循人才成长规律，创新教材编写模式。为适应教学需求和中职生认知特点，在呈现形式上，教材以项目教学、案例教学、情境教学、模块化教学为模式编写；教材编写体例符合中职学生的年龄特点和认知需求，突出时代要求，较多考虑了对教学模式的支撑，部分教材以活页式、工作手册式等形式呈现。

5. 创新教材呈现形式，打造智能化书课融合新形态教材体系。将纸质教材与教学资源、数字课程等进行一体化设计，形成线上资源与线下新形态教材密切配合的课程教学支持服务体系。

为了更好地服务教学，高等教育出版社将以中职幼儿保育专业教材为基础，组织教师进行教学研讨活动。希望各地、各中等职业学校在使用本套教材的过程中及时提出修改意见和建议，使之不断完善和提高。

高等教育出版社
2021 年 6 月

第二版前言

本书是中等职业教育幼儿保育专业专业基础课教材，是教育部“十四五”职业教育国家规划教材，依据“幼儿保育专业教学标准（中等职业教育）（试行）”，并参照《幼儿园工作规程》，在2021年第一版的基础上修订而成。

在新时代背景下，学前教育领域有了新的发展和变化，幼儿保育专业应需而生。为落实党的二十大精神，推动学前教育普惠性发展进程，基于当前幼儿园保教岗位的需求和中等职业学校专业建设的需要，我们编写了这本教材。在编写过程中，充分考虑保教人员的专业定位，注重幼儿保育专业的针对性，并结合中等职业学校学生的实际状况，以任务情境为切入点，将口语交际中抽象的理论变得形象具体，便于学生接受和掌握，切实提高学生口语交际的运用能力。与同类教材相比，本书在编写上有以下特点：

第一，立德树人，思政引领。本书根据课程内容要求精选案例，适当加入思政元素，并在课程讲授过程中适度挖掘、正面引导，充分体现“坚定学生理想信念，教育学生爱党、爱国、爱社会主义、爱人民、爱集体”的课程思政主线，将思政教育、职业精神和职业规范有机融入口语教学之中，达到润物无声的育人效果。

第二，逻辑严谨，梯度合理。本书在编排层次上，首先进行普通话基础训练，再进行朗读、复述、讲故事、交谈训练，最后进行专业职业口语训练。这样阶梯性的编写方式，符合口语教学的一般规律，同时也符合学生的学习与思维特点，更加贴近保育员岗位要求，有利于学生能力的提高和技能的形成。

第三，体例新颖、重点突出。本书采用“模块—项目—任务”的形式编排专题内容。在每一项目的前面设计了学习目标，有利于学生把握知识重点。在每一任务前面设计了任务情境，便于学生专业视野与基础知识的结合。后面安排知识链接和任务训练，既能帮助学生巩固所学内容，又突出本课程培养和提升学生职业技能的特点。

第四，简明易懂、形式灵活。本书根据学生的特点，克服以往教材语言呆板、内容枯燥的弊病，力求做到简明扼要、深入浅出。既增加可读性，又有利于学生基础知识的掌握和基本技能的形成。形式上灵活多样，本着一知识点配套一训练的原则，穿插相应的训练内容。

本书教学时数为72课时，具体安排如下（仅供参考）：

模块	项目	教学内容	课时
模块一　基础训练	项目一	普通话语音	14
模块二　技能训练	项目二	朗读	22
	项目三	复述	6
	项目四	讲故事	10
	项目五	交谈	4
模块三　应用训练	项目六	保育师职业用语	16
合计			72

本书由苑望担任主编，邓琳担任副主编。项目一、项目二由苑望编写，项目三、项目四、项目五由苑望、邓琳编写，项目六由苑望、丁燕编写。全书由苑望、邓琳统稿。

本书配套电子教案、演示文稿等辅教辅学资源，请登录高等教育出版社新形态教材网（https：//abooks.

hep.com.cn）获取相关资源。详细使用方法见本书最后一页“郑重声明”下方的“学习卡账号使用说明”。

本书在编写过程中参考了大量口语交际和演讲方面的书籍，引用了互联网的相关资料，在此谨向有关作者、专家和媒体表示谢意。同时，也向提供素材和帮助的哈尔滨市建新幼儿园表示感谢。

由于编写水平有限，书中难免有不足之处，恳请专家和读者予以批评指正。读者反馈邮箱：zz_dzyi@pub.hep.cn。

编者

2024 年 8 月

第一版前言

本书是中等职业教育幼儿保育专业教材，依据教育部《职业教育专业目录(2021年)》，并参照《幼儿园工作规程》等编写而成。

在新时代背景下，学前教育专业有了新的发展和变化。基于当前幼儿园保教岗位的需求和中等职业学校幼儿保育专业建设的需要，我们编写了本书。在编写过程中，充分考虑保教人员的专业定位，注重幼儿保育专业的针对性，并结合中等职业学校学生的实际状况，以任务情境为切入点，将口语交际中抽象的理论变得形象具体，便于学生接受和掌握，切实提高学生口语交际的运用能力。本书在编写上有以下特点。

1. 逻辑严谨，梯度合理。本书在编排层次上，首先进行普通话基础训练，再进行朗读、复述、讲故事、交谈训练，最后进行专业职业口语训练。这样阶梯式的编写方式，符合口语教学的一般规律，同时也符合学生的学习与思维特点，更加贴近保育员岗位要求，有利于学生能力的提高和技能的形成。

2. 体例新颖，重点突出。本书采用“模块—项目—任务”的形式编排专题内容。在每一项目的前面编排了学习目标，有利于学生把握知识重点。在每一任务前面设置情境导入，便于学生专业视野与基础知识的结合。在每一任务后面安排了知识链接和任务训练，既能帮助学生巩固所学内容，又突出了本课程培养和提升学生职业技能的特点。

3. 注重实用，讲练结合。本书尽量避免理论说教，试图将知识讲解与实践训练紧密结合起来，设计的训练内容和训练方式，突出专业实用性和操作性。同时精选幼儿园中的相关情境添加到训练中，使学生的训练更接近未来的工作实际，进而形成知识本位到能力本位的转变。

4. 简明易懂，形式灵活。本书根据学生的特点，克服以往教材语言呆板、内容枯燥的弊病，力求做到简明扼要、深入浅出。既增加可读性，又有利于学生基础知识的掌握和基本技能的形成。形式上灵活多样，本着一个知识点配套一个训练的原则，穿插相应的训练内容。

本书教学时数为72课时，具体安排如下（仅供参考）：

模块		项目	教学内容	课时
模块一	基础训练	项目一	普通话语音	14
模块二	技能训练	项目二	朗读	18
		项目三	复述	6
		项目四	讲故事	8
		项目五	交谈	6
模块三	应用训练	项目六	保育员职业用语	20
合计				72

本书由苑望担任主编。项目一、项目五由苑望、田洪娟编写，项目二、项目三、项目四由苑望、邓琳编写，项目六由丁燕编写。全书由苑望、邓琳统稿。本书中的插图由张铎瀚小朋友绘画，照片由刘宣彤小朋友提供。

本书在编写过程中参考了大量口语交际和演讲方面的书籍，引用了互联网的相关资料，在此谨向有关作者、专家和媒体表示谢意。教材编写反映了当代社会进步、学科发展前沿，吸收了优秀的行业企业人才参与编写，很好地体现了产教融合、校企合作。同时，向提供素材和帮助的哈尔滨市建新幼儿园表示感谢。

由于编写水平有限，书中难免有不足之处，恳请专家、同仁和读者予以批评指正。本书读者反馈邮箱：zz_dzyj@pub.hep.cn。

编者

2021 年 2 月

目录

模块一
基础训练

项目一　普通话语音 002
任务一　认识普通话 003
任务二　了解声母 010
任务三　了解韵母 020
任务四　辨别声调 029
任务五　掌握语流音变 034

模块二
技能训练

项目二　朗读 044
任务一　了解朗读的基本要求 045
任务二　掌握朗读的基本技巧——停连 050
任务三　掌握朗读的基本技巧——重音 057
任务四　掌握朗读的基本技巧——语气 063
任务五　掌握朗读的基本技巧——节奏 069
任务六　掌握不同体裁作品的朗读方法 075

项目三　复述 086
任务一　了解复述 087
任务二　掌握复述的方法 092

项目四　讲故事 099
任务一　了解讲故事 100
任务二　改写幼儿故事 109

项目五 交谈 117
任务一 认识交谈 118
任务二 掌握交谈的技巧和方法 126

模块三
应用训练

项目六 保育师职业用语 136
任务一 认识保育师职业用语 137
任务二 掌握保育师职业用语的表达技巧 141
任务三 正确使用幼儿教育指导用语 149
任务四 正确使用与家长沟通用语 164

参考文献 175

模块一

基础训练

项目一

普通话语音

学习目标

1. 认识普通话的含义和普通话水平等级测试的重要性。
2. 掌握规范语音的特点，发音原理及普通话的声母、韵母的发音部位，发音方法和发音辨正。
3. 了解声调的正确发音和发音辨正。
4. 掌握四种音变的特点及规律；
5. 通过训练达到语音的规范。

任务一

认识普通话

任务情境

某乡村学校进行了一次示范教学活动，一位语文教师在课堂上领读生字："请大家跟我读，b–éi–béi，béi 菜的 béi，f–ù–fù，大 fù 的 fù。"同学们一齐跟读，听课教师笑倒一片，显然，这位教师对"白""树"的发音还夹带着方言味。

在方言地区，特别是在一些偏远、条件落后的地区，课堂上出现"南腔北调"绝对不是一件新鲜的事情。一堂精心准备的示范课往往因为方言口音太重达不到应有的效果。可见，讲一口标准的普通话对一名教师来说是多么重要。

知识支撑

语言文字是人们表达思想、传递信息的重要交际工具。语言的统一和规范对社会发展、科技进步和文化教育水平的提高都有着重要的作用。因此我国政府非常重视语言文字的规范化工作。1955 年，在党和国家的领导下，我国语言文字改革委员会和中国科学院语言研究所等部门先后召开了有关会议，讨论推广普通话和汉语规范化问题，确定了现代汉民族共同语为普通话。

为适应新的社会形势，现阶段学习普通话，掌握规范语音的特点，清楚普通话发音原理，正确运用发音器官发音，注意区别普通话与方言的差异，并且通过普通话等级水平测试来推广和使用普通话，显得颇为关键。

学校是推广普通话的主要基地，教师是推广普通话的主力军。保育师面对的是正处于学习语言关键阶段的婴幼儿，保育师所说的每一句话都将对婴幼儿产生潜移默化的影响，因此，保育师能够使用标准的普通话进行保育教养显得尤为重要。

一、普通话与方言

语言是一种特殊的社会现象，它"是人类最重要的交际工具"，是人们进行沟通交流的表达方式。人们借助语言保存和传递人类文明的成果。

（一）普通话

普通话是一种现代标准汉语，是以北京语音为标准音、以北方话为基础方言、以典范的现代白话文著作为语法规范的现代汉民族共同语。

普通话以北京语音为标准音是历史发展的必然结果。北京多年来一直是我国的政治、文化中心，文化交流广泛。过去推行官话，要求做官的要会说官话，而现在的普通话是在官话的基础上发展起来的，于是普通话就以北京语音为标准音。

普通话以北方话为基础方言，是由北方方言在社会中所处的地位及其影响力所决定的。只有地位重要、影响最大、具有代表性的方言，才能成为基础方言。因为北方话词汇有极大的普遍性，说北方方言的人占汉族人口的大多数，我国历史上影响较大、流传较广的白话小说也多是用北方方言写的，所以普通话以北方方言为基础是有其依据的。

普通话以典范的现代白话文著作为语法规范，是因为书面语不仅便于提炼加工，形成标准范式，也便于广泛流传和反复学习。一般来说，普通话语法规范是应该排除方言语法、古代语法和外国语法的。

《中华人民共和国宪法》第十九条明确规定：国家推广全国通用的普通话。大力推广普通话是我国长期坚持的一项语言政策，是社会主义精神文明建设的重要内容。

推广和普及普通话，学校是环境因素，教师是关键因素。按照国家语言文字工作委员会的要求，普通话要成为城市幼儿园和乡中心小学以上的以汉语授课为主的各级各类学校的教学用语，成为师范学校、初等和中等学校的校园语言。各级各类学校的教师不但是接受普通话教育的基础对象，也是推广普通话的重要力量。

（二）方言

现代汉语除普通话外，还有七大方言，即北方方言、吴方言、湘方言、赣方言、客家方言、闽方言和粤方言。

1. 北方方言

北方方言以北京话为代表，是汉语分布地域最广的一个方言，也是汉民族共同语——普通话的基础方言。北方方言使用人口最多，约在 9 亿以上，占汉族总人口数的 73%。

2. 吴方言

吴方言以上海话为代表。吴方言主要分布在江苏省的长江以南、镇江以东地区（不包括镇江），浙江省的大部分地区和上海市，使用人口约占汉族总人口数的 7.2%。

3. 湘方言

湘方言即湖南话，以长沙话为代表。湘方言主要分布在湖南省大部分地区（西北边缘地区除外），使用人口约占汉族总人口数的 3.2%。

4. 赣方言

赣方言即江西话，以南昌话为代表。赣方言主要分布在江西省大部分地区（东北沿长江地带和南部除外），使用人口约占汉族总人口的 3.3%。

5. 客家方言

客家方言即客家语、客家话，以广东梅县话为代表。客家方言主要分布在粤东、闽西、赣南，并被广泛使用于中国南方（含台湾地区），以及马来西亚等国的华人社区，使用人口约占汉族总人口数的 3.6%。

6. 闽方言

闽方言主要分布区域跨越全国六省，包括福建和海南的大部分地区、广东东部潮汕地区和雷州半岛部分地区、浙江南部温州地区的一部分、广西的少数地区、台湾地区的大多数汉族居住区，使用人口约占汉族总人口数的 5.7%。

7. 粤方言

粤方言以广州话为代表，主要分布在广东省中部、西南部和广西东部、南部地区。粤方言同时也是中国香港、中国澳门的主要交际语言。粤方言的使用人口约占汉族总人口的 4%。

普通话是我国人民之间普遍用来交际的语言。方言只为某一地区的人所使用，在社会交际方面处于从属于普通话的地位，是现代汉语在不同地域的分支，属于现代汉语的地域性变体。

方言与普通话虽然同属于现代汉语，但方言在语音、词汇、语法上都与普通话存在着差异。方言在语音上与普通话的差别最为突出，语汇方面的差别也比较明显，语法方面的差别相对来说则要小一些。另外，各地方言又往往与普通话之间有着严格的对应规律，如共用一套汉字符号系统、有大量共同的基本词汇、有大体统一的语法结构等。方言给各地人们的交往带来了很大的不便，随着经济的发展和文化的交流，普通话的影响将会日益扩大。

二、普通话语音特点与发音原理

人类的发音器官包括呼吸器官、声带、口腔和鼻腔 4 部分。只有在了解发音器官及发音原理之后，掌握和支配好它们，才能更好地执行普通话语音系统，体现规范普通话语音饱满圆润、声调抑扬顿挫、音节匀称的特点。

（一）普通话语音特点

语音即语言的声音，是人的发音器官发出的能够表示一定意义的符号或声音。人们借助语言表情达意，而语言的交际功能主要是通过语音实现的。普通话的语音除了具有很强的表意功能之外，还兼具饱满圆润、音乐性强、节奏和谐的特点。古人曾用“珠走玉盘”来形容汉字字音的圆润优美，实在恰切。

首先，音节结构简单，声音响亮。普通话中，一个音节最多只有 4 个音素，其中，发音响亮的元音占优势，是一般音节中不可缺少的成分。一个音节内可以连续出现几个元音（最多三个），如 huai（坏），而且普通话音节中没有复辅音，即没有像英语那样几个辅音连在一起的现象。

其次，音节界限分明，节律感强。汉语的音节一般都是由声母、韵母、声调三部分组成，声母在前，韵母紧随其后，再带一个贯穿整个音节的声调，便有了鲜明的音节界限。从音素分析的角度观察，辅音和元音互相间隔而有规律地出现，给人周而复始的感觉，因而极便于切分音节。

最后，声调抑扬顿挫，富有音乐性。普通话声调变化高低分明，高、扬、转、降区分明显，听起来就像音乐一样动听。

（二）普通话发音原理

声音是由物体振动产生的，语音产生的道理也是如此。不同的是它是由人的发音器官发出的，是体内气流振动发音体，经过口腔或鼻腔发出的。这个过程动用了多种发音器官。

人类发音器官分 4 个部分：呼吸器官、声带、口腔和鼻腔。呼吸器官包括肺、支气管和气管。肺是呼吸气流的动力站，由肺的活动所产生的气流通过支气管、气管达到喉头，振动声带。声带是两片带状的纤维质薄膜，薄膜之间的空隙叫声门。呼吸的气流从声门经过，说话时，气流冲击声带，使其发生振动，这就产生了语言的声音。声带是人类语言的发音体。气流通过口腔、鼻腔引起振动，受到调节形成不同共鸣，发出了千变万化的声音。口腔有唇、齿、腭、舌等几部分。舌是最灵活的，舌尖、舌面、舌根和上腭接触都能发出很多声音。

三、普通话水平等级测试

（一）普通话水平测试的性质和意义

《中华人民共和国教育法》第十二条规定：“学校及其他教育机构进行教学，应当推广使用全国通用的普通话和规范字。”

《〈教师资格条例〉实施办法》第八条规定，教师认定申请教师资格，“普通话水平应该达到国家语言文字工作委员会颁布的《普通话水平测试等级标准》二级乙等以上标准（其中，语文教师和对外汉语教师不低于二级甲等，语音教师不低于一级乙等）”。

《幼儿园管理条例》第十五条规定：“幼儿园应当使用全国通用的普通话。”

由此可见，社会对普通话的使用给予了高度重视，尤其对教师提出了很高的要求。为了有效地普及和推广普通话，不断提高人们的普通话水平，国家语言文字工作委员会、教育部、国家广播电影电视总局于1994年10月联合下发了《关于开展普通话水平测试工作的决定》（以下简称《决定》）。《决定》明确规定，从1995年起，在一定范围内对某些岗位人员进行普通话水平测试，逐步实行持普通话等级证书上岗制度。

普通话水平测试是我国为加快共同语普及进程、提高全社会普通话水平而设置的一种语言口语测试，全部测试内容均应以口头方式进行，普通话水平测试不是口才的评定，而是对应试人掌握和运用普通话所达到的规范程度的测查和评定。应试人在运用普通话口语进行表达过程中所表现的语音、词汇、语法规范程度，是评定其所达到的水平等级的重要依据。

普通话水平测试是推广普通话的一条行之有效的重要途径。通过这种方式，可以快捷地提高广大民众的普通话水平，进一步推动普及普通话工作的深入开展，更好地提高全民族的语言文化素质和广大从业人员必备的职业素质。

（二）普通话水平测试的方式、内容和范围

《普通话水平测试大纲》规定：普通话水平测试以口试方式进行；测试的内容包括普通话语音、词汇和语法；测试的范围是国家测试机构编制的《普通话水平测试用普通话词语表》《普通话水平测试用普通话与方言词语对照表》《普通话水平测试用普通话与方言常见语法差异对照表》《普通话水平测试用朗读作品》《普通话水平测试用话题》。

目前，全国普通话水平测试已基本实现计算机辅助测试。计算机辅助普通话水平测试就是通过由国家语言文字工作部门认定的计算机辅助普通话水平测试系统，部分代替人工评测，对普通话水平测试中读单音节字词、读多音节词语、朗读短文3项进行评定分数的工作（命题说话由测试员评定分数）。

任务训练

一、什么叫普通话？

二、普通话具有什么特点？

三、普通话水平测试的重要意义是什么？

拓展训练

任务二

了解声母

任务情境

北京的师女士出差，与某市的刘女士同住宾馆房间。傍晚，刘女士笑眯眯地问师女士："你死没有？你不死我先死。"师女士顿时惊得目瞪口呆。后经一番比画，她才明白是这位刘女士"方言版"普通话作的怪，把洗澡的"洗"（xǐ）读成死亡的"死"（sǐ），她实际上是想问"你洗没有？你不洗我先洗"。

在一些方言中，声母的发音部位和普通话的发音部位有很多不同，造成师女士误会的原因就是，刘女士把声母"x"舌面音发成了平舌音"s"，直接影响了拼读音节的准确性，甚至出现了笑话。类似这样的声母发音错误的现象，在各地方言中都不同程度地存在。可见，掌握普通话声母的正确发音，有助于发出标准的普通话语音，有助于为婴幼儿提供正确的语音示范。

知识支撑

一、声母的发音部位和发音方法

声母指汉语音节开头的辅音。例如"包（bāo）"这个音节，辅音"b"就是它的声母。21个声母如下：

b玻　p坡　m摸　f佛　　d得　t特　n讷　l勒
g哥　k科　h喝　　j基　q欺　x希
zh知　ch吃　sh诗　r日　　z资　c雌　s思

（一）声母的发音部位

发音时发音器官对气流构成阻碍的部位如下。

（1）双唇音：b p m（3个）；

（2）唇齿音：f（1个）；

（3）舌尖前音：z c s（3个）；

（4）舌尖中音：d t n l（4个）；

（5）舌尖后音：zh ch sh r（4个）；

（6）舌面音：j q x（3个）；

（7）舌根音：g k h（3个）。

（二）声母的发音方法

发音时喉头、口腔和鼻腔节制气流的方式和状况，包括以下三个方面。

1. 阻碍方式

（1）塞音：b p d t g k（6个）；

（2）塞擦音：z c zh ch j q（6个）；

（3）擦音：f h s sh r x（6个）；

（4）鼻音：m n（2个）；

（5）边音：l（1个）。

2. 声带是否颤动

（1）清音（不颤动）：b p f d t g k h j q x zh ch sh z c s（17个）；

（2）浊音（颤动）：m n l r（4个）。

3. 气流的强弱

（1）送气音：p t k c ch q（6个）；

（2）不送气音：b d g z zh j（6个）。

二、声母的发音

发音示范（部分）

21 个辅音声母可以从发音部位和发音方法两个方面去描写，将这两个方面综合起来就形成各个声母的“名称”。

其公式：名称 = 部位 + 气流 + 声带 + 阻碍方式

综合声母的发音部位和发音方法，普通话 21 个声母的正确发音及示例如下。

b：双唇、不送气、清塞音。

班 斌 部 别 杯 磅 并 奔 碧

摆布 奔波 标兵 辨别 宝贝 北边 背包

p：双唇、送气、清塞音。

盘 派 配 瓶 爬 颇 碰 品 谱

枇杷 批评 乒乓 澎湃 偏颇 匹配 铺平

m：双唇、浊鼻音。

买 美 们 麻 末 满 忙 谜 民

冒昧 门面 明媚 命名 买卖 盲目 埋没

f：唇齿、清擦音。

发 分 饭 冯 佛 非 访 否 服

肺腑 非凡 芬芳 丰富 方法 发福 反复

d：舌尖中、不送气、清塞音。

等 对 点 搭 调 多 蹲 丹 动

道德 大胆 等待 奠定 打断 跌倒 导弹

t：舌尖中、送气、清塞音。

听 同 太 套 塔 天 退 铁 踢

探讨 淘汰 天堂 疼痛 铁蹄 妥帖 团体

n：舌尖中、浊鼻音。

能 怒 弄 那 嫩 南 脑 耐 牛

男女 南宁 恼怒 能耐 奶牛 泥泞 袅娜

l：舌尖中、浊边音。

拉 乐 路 老 来 朗 历 灵 珑

劳累 嘹亮 拉拢 冷落 轮流 领略 理论

g：舌根、不送气、清塞音。

给　高　感　跟　过　刚　够　功　故

改革　高贵　拐棍　灌溉　巩固　骨干　规格

k：舌根、送气、清塞音。

看　开　块　哭　卡　控　课　康　肯

可靠　宽阔　夸口　慷慨　坎坷　刻苦　旷课

h：舌根、清擦音。

和　获　好　话　会　后　红　虎　获

好汉　航海　呼唤　挥霍　缓和　花卉　合伙

j：舌面、不送气、清塞擦音。

家　讲　及　进　教　局　就　精　炯

坚决　经济　家具　军舰　捷径　阶级　节俭

q：舌面、送气、清塞擦音。

清　去　起　球　穷　巧　强　劝　前

亲切　全球　欠缺　群起　情趣　恰巧　牵强

x：舌面、清擦音。

下　新　想　先　学　像　许　形　细

虚心　小学　现象　新鲜　宣泄　星宿　行星

zh：舌尖后、不送气、清塞擦音。

中　真　占　闸　者　摘　照　周　张

指针　政治　助长　战争　茁壮　郑重　住宅

ch：舌尖后、送气、清塞擦音。

茶　彻　初　蝉　吵　陈　成　冲　愁

长城　超产　车床　踌躇　穿插　驰骋　出差

sh：舌尖后、清擦音。

说　是　社　深　绳　水　少　授　沙

沙石　闪烁　舒适　神圣　赏识　生疏　事实

r：舌尖后、浊擦音。

人　让　如　瑞　热　荣　弱　燃　柔

仍然　荣辱　忍让　如若　柔软　荏苒　容忍

z：舌尖前、不送气、清塞擦音。

在 做 组 砸 则 赞 怎 早 遵

宗族 罪责 自尊 栽赃 走卒 枣子 藏族

c：舌尖前、送气、清塞擦音。

村 从 次 擦 错 草 菜 粗 册

层次 苍翠 从此 参差 粗糙 猜测 催促

s：舌尖前、清擦音。

三 桑 撒 色 松 孙 素 酸 森

松散 诉讼 琐碎 洒扫 思索 色素 速算

除了以上 21 个辅音声母之外，普通话里还有一些音节没有辅音声母，如“ing 英”“ang 昂”“ou 讴”等，这类音节的声母，语音学上称为零声母。

知识链接

声母的本音和呼读音的区分

声母的本音是声母本来的音值，不带元音。声母的呼读音是声母后面带上一个元音而成的音，例如：bo、po、mo、fo、de、te、ne、le……

三、声母的辨正

我国各地的方言和普通话在声母方面存在着很多差异，因此，各方言区的人们要特别注意辨正。

（一）分辨 z、c、s 和 zh、ch、sh

zh、ch、sh 与 z、c、s 的区别在于发音部位的不同，前者卷舌，后者不卷舌。zh、ch、sh 发音时舌尖翘起来，顶住硬腭的前部，然后再放开，气流慢慢摩擦而出（zh、ch）；或者舌尖翘起，靠近硬腭，气流摩擦而出（sh）。而 z、c、s 发音时舌尖要顶住上齿背。

普通话里，平舌声母和翘舌音是分得很清楚的，例如：“诗”读 shī，“丝”读 sī；

“睡”读 shuì,“岁”读 suì 等。但有些方言区，却没有翘舌音；还有些地方，常把普通话里属于翘舌音的一部分字念成了平舌音。

（二）分辨 n 和 l

n 的发音方式是舌尖翘起，顶住上齿龈，同时小舌下垂，气流通过鼻腔流出。而 l 的发音方式是舌尖翘起，顶住上齿龈，同时小舌抬起，堵住通往鼻腔的通道，气流经过舌头的两边流出。

普通话里，鼻音 n 和边音 l 分得很清楚，例如：“男”读 nán,“蓝”读 lán；“内”读 nèi,“类”读 lèi；“牛”读 niú,“流”读 liú 等。但在许多方言里，n 和 l 是不分的。有的只会念其中一个，有的两个不加区别，随意使用。

（三）分辨 f 和 h

f 与 h 的差别在于，f 是唇齿清擦音，而 h 是舌根清擦音，二者的不同在于发音部位。

普通话里，唇齿音 f 和舌根音 h 分得很清楚，例如：“发”读 fā,“花”读 huā；“费”读 fèi,“会”读 huì 等。但有些方言却有 f、h 相混的情况，如把 f 读成 b、p 或 h；把 f 读 hu；有些普通话读 h 的字（大都是和 u 领头的韵母相拼的字），读成了 f。这些方言区的人，除了要学会 f、h 的正确发音外，还要花一些气力辨别记忆普通话里哪些是 f 声母字，哪些是 h 声母字。

（四）读准声母 r

有些方言地区，没有“r”声母，凡普通话“r”声母的字，通常改读成 l、z、y 声母。例如：把“绒的”读成了“聋的”、将“人”读成了“银”。

从发音部位看，“r”是舌尖后音，同“zh、ch、sh”发音部位一样，是由舌尖和硬腭前部构成阻碍而发的音。从发音方法看，“r”是浊擦音，发音时，舌尖上翘，抵硬腭前部留一小缝，让气流从小缝中摩擦而出，同时声带震动。为找到正确的感觉，可以先发“sh”音，然后振动声带，即“r”音。

“r”和“l”的区别是发音部位不同，舌尖抵搭的位置有前后之别。“r”的发音部位在硬腭，“l”的发音部位在齿龈；发音方法也不同，“r”发音除阻时，气流的通道很窄，限于舌尖和硬腭之间的一点点缝隙，摩擦很重；而“l”音除阻时，气流的通道在舌侧两边，很宽松，摩擦不十分明显。

有些方言区的人，常把 r 声母与 en 韵相拼的字，念成 l 声母与 en 韵相拼的字。普通话里，l 声母是不与 en 韵相拼的，学习时要特别注意纠正。

（五）读准声母 j、q、x

普通话中舌面音 j、q、x 和舌根音 g、k、h 是两组不同的声母。而在南方一些方言中，却把普通话中一些字的声母 j、q、x 读成了 g、k、h，例如："间（jiān）"读成 gān。

方言区中的一些人，常常把 j、q、x 发成 z、c、s，例如："进修"读作"zinsiu"；"新鲜"读作"sinsian"；"秋千"读作"ciucian"。其实普通话声母 z、c、s 是不能和 i、ü 或 i、ü 起头的韵母相拼的，而 j、q、x 则可以。

任务训练

一、朗读下面的声母，体会各类声母发音部位、发音方法的不同。

1. 朗读下面的声母，体会各类声母发音部位的不同。

d、t、n、l—f	b、p、m—d	z、c、s—j、q、x
n、l—h	zh、ch、sh、r—z、c、s	g、k、h—l

2. 朗读下面的声母，体会各类声母发音方法的差异。

b、p—m	d、t—n	g、k—l	z、c—s
zh、ch—sh	j、q—x	f、h—l	

二、朗读下列词语，体会声母的发音。

1. 朗读下列词语，体会 b、p、m、f 声母的发音。

b	包办	颁布	背包	辨别	卑鄙	版本
p	评判	偏僻	匹配	澎湃	琵琶	铺平
m	命名	磨灭	盲目	秘密	美满	面貌
f	丰富	芬芳	反复	方法	防范	仿佛

2. 朗读下列词语，体会 z、c、s 声母的发音。

z	祖宗	自尊	栽赃	总则	走卒	遭罪
c	猜测	从此	苍翠	参差	草丛	催促

s　色素　洒扫　思索　松散　琐碎　诉讼

3. 朗读下列词语，体会 d、t、n、l 声母的发音。

d　搭档　单调　道德　达到　地点　当代

t　忐忑　淘汰　体贴　团体　疼痛　探讨

n　牛奶　能耐　泥泞　恼怒　男女　南宁

l　理论　料理　流利　劳累　力量　联络

4. 朗读下列词语，体会 zh、ch、sh、r 声母的发音。

zh　正直　整治　中职　注重　执政　真挚

ch　出差　长春　拆除　超出　乘车　橱窗

sh　事实　设施　师生　霎时　时尚　省事

r　仍然　柔软　忍让　如若　荣辱　闰日

5. 朗读下列词语，体会 j、q、x 声母的发音。

j　积极　解决　经济　简介　讲解　讲究

q　亲切　亲戚　前期　全球　情趣　氢气

x　学校　学习　现象　相信　虚心　选项

6. 朗读下列词语，体会 g、k、h 声母的发音。

g　巩固　骨干　广告　规格　改革　杠杆

k　可靠　扣款　刻苦　可控　亏空　慷慨

h　很好　后悔　荷花　划痕　辉煌　黄海

三、朗读下列词语，注意区别平舌音、翘舌音声母的发音。

粗 cū 布—初 chū 步　姿 zī 势—知 zhī 识　新春 chūn—新村 cūn

支 zhī 援—资 zī 源　主 zhǔ 力—阻 zǔ 力　木柴 chái—木材 cái

申诉 sù—申述 shù　摘 zhāi 花—栽 zāi 花　午睡 shuì—五岁 suì

四、朗读下列单字和词语，对比辨别声母 n、l 的发音。

那—辣　讷—乐　耐—赖　内—类　脑—老　闹—烙　南—兰

脑子—老子　男鞋—蓝鞋　大怒—大路　浓重—隆重　女客—旅客

五、朗读下列单字和词语，对比辨别声母 f、h 的发音。

父—户　斧—虎　防—杭　愤—恨　饭—汉

理发—理化　发钱—花钱　舅父—救护　附注—互助

六、朗读下列词语，对比辨别声母 r、l 的发音。

热天（r）—乐天（l）　　绒袍（r）—龙袍（l）　　柔道（r）—楼道（l）

收入（r）—收录（l）　　孔融（r）—恐龙（l）　　腐乳（r）—俘虏（l）

七、朗读下列词语，对比辨别声母 j、q、x 的发音。

资金 zījīn　　字迹 zìjì　　字据 zìjù　　自己 zìjǐ　　自觉 zìjué

瓷器 cíqì　　刺激 cìjī　　思绪 sīxù　　私心 sīxīn　　司机 sījī

八、听读下列词语，并标出声母。

发音示范

被俘—佩服　　毕竟—僻静　　背脊—配给　　盗取—套取　　吊车—跳车

赌注—土著　　千年—牵连　　恼怒—老路　　允诺—陨落　　南部—蓝布

蜗牛—涡流　　无奈—无赖　　骨干—苦干　　河谷—何苦　　歌谱—科普

防止—黄纸　　开发—开花　　初犯—出汗　　公费—工会　　飞机—灰鸡

冲刺—充斥　　自立—智力　　栽花—摘花　　私人—诗人　　散光—闪光

九、朗读下列词语，体会声母的发音部位和发音方法。

1. 唇音

b–p　背叛　布匹　奔跑　表皮　绑票　编排

b–m　闭幕　帮忙　报名　表面　避免　布满

b–f　北方　冰封　不凡　部分　办法　播放

p–m　拼命　排名　屏幕　拍卖　泡沫　贫民

p–f　评分　皮肤　批发　佩服　喷发　票房

m–f　模仿　民风　免费　买房　莫非　魔方

2. 舌尖前音

z–c　紫菜　自从　资材　遵从　早餐　座次

z–s　子孙　总算　走私　阻塞　棕色　赠送

c–s　彩色　草酸　蚕丝　粗俗　苍松　醋酸

3. 舌尖中音

d–t　打听　带头　党徒　当天　地图　大厅

d–n　电脑　叮咛　东南　低能　大闹　当年

d–l　胆量　带领　捣乱　道路　锻炼　调类

t–n　童年　体能　头脑　鸵鸟　推拿　逃难

t–l　调理　体力　讨论　听力　调料　脱离

n−l 能力 努力 年龄 能量 奴隶 努力

4. 舌尖后音

zh−ch 支持 真诚 支撑 侦察 战场 中场

zh−sh 这是 证书 终身 珍视 真实 装饰

zh−r 主任 找人 真人 周日 阵容 招惹

ch−sh 城市 查收 出示 超市 承受 传输

ch−r 承认 出入 传染 耻辱 诚然 超人

sh−r 收入 市容 胜任 生日 输入 湿润

5. 舌面音

j−q 加强 坚强 技巧 健全 进取 街区

j−x 教学 进行 节选 继续 精细 机械

q−x 清晰 勤学 情绪 取消 权限 谦虚

6. 舌根音

g−k 顾客 观看 概况 高考 赶快 概括

g−h 规划 更好 工会 光辉 桂花 感化

k−h 考核 开会 客户 开荒 抗洪 狂欢

十、绕口令。

1. 老饶下班去染布，染出布来做棉褥，楼口有人拦住路，只许出来不许入，如若急着做棉褥，明日上午来送布，离开染店去买肉，回家热锅炖腐乳。

2. 九月九，九个酒迷喝醉酒。九个酒杯九杯酒，九个酒迷喝九口。喝罢九口酒，又倒九杯酒。九个酒迷端起酒，“咕咚、咕咚”又九口。九杯酒，酒九口，喝罢酒九个酒迷醉了酒。

3. 七巷一个漆匠，西巷一个锡匠，七巷漆匠偷了西巷锡匠的锡，西巷锡匠偷了七巷漆匠的漆。

4. 妈妈骑马，马慢妈妈骂马。妞妞轰牛，牛拧(nìng)妞妞拧(níng)牛。

任务三

了解韵母

任务情境

记者小孙有一回去广东省中山市采访，路上和一个出租车司机聊天，司机和小孙说了这样一句话："站在床头看新漆，新漆总比旧漆好。"听到这句话，小孙一头雾水，后来费了半天的功夫，小孙终于明白了那位司机师傅只是想表达自己对改革开放的感激之情。他的原话其实是这样的："站在船头看郊区，新区总比旧区好。"

造成记者小孙误会的原因就是，司机把韵母"an"发成了"ang"，把韵母"ü"发成了"i"，影响了语意的表达。学习普通话的主要障碍就是方言的影响，要首先掌握普通话韵母的发音规范，然后找出当地方言和普通话在韵母方面存在的差异及对应规律，进行辨正训练，这样才能使自己的普通话逐步达到规范。

知识支撑

一、韵母的结构和分类

韵母是汉语音节中声母后面的部分。例如音节 xùnliàn（训练）中的 ün、ian。韵母的作用是和声母拼合，构成一个音节。

普通话有 39 个韵母。韵母主要由元音构成，有的韵母由元音加鼻辅音复合构成。

（一）韵母的分类

韵母按结构可分为单韵母、复韵母和鼻韵母三类。

1. 单韵母

单韵母是指由单个元音充当的韵母，又叫单元音韵母。普通话里单韵母一共有10个，即 ɑ、o、e、ê、i、u、ü、-i（前）、-i（后）、er。单韵母可以细分为三小类：

（1）舌面元音韵母：ɑ、o、e、ê、i、u、ü；

（2）舌尖元音韵母：-i（前）、-i（后）；

（3）卷舌单韵母：er。

2. 复韵母

复韵母是由复合元音也就是两至三个元音构成的韵母，又叫复元音韵母。普通话复韵母有13个，根据主要元音的位置可分三小类：

（1）前响复韵母：ɑi、ei、ɑo、ou（ɑ、o、e 为主要元音）；

（2）后响复韵母：iɑ、ie、uɑ、uo、üe（ɑ、o、e 为主要元音）；

（3）中响复韵母：iɑo、iou、uɑi。

3. 鼻韵母

鼻韵母是一个或两个元音带鼻辅音 n、ng 组合而成的韵母，又叫带鼻音韵母。普通话鼻韵母有16个，根据所带鼻辅音的不同，可以分成两小类：

（1）前鼻音韵母：ɑn、en、iɑn、in、uɑn、uen、üɑn、ün；

（2）后鼻音韵母：ɑng、eng、ong、iɑng、ing、uɑng、ueng。

（二）韵母的结构

普通话韵母的主要成分是元音。韵母的结构可以分为韵头、韵腹、韵尾三个部分。

1. 韵头

韵头是主要元音前面的元音，又叫介音，由 i、u、ü 充当，发音总是轻而短，只表示韵母的起点，例如 iɑ、uɑ、üe、iɑo、uɑn 中的 i、u、ü。

2. 韵腹

韵腹是韵母中的主要元音，是韵母的主要构成部分，发音时口腔开度最大，声音最响亮，由 ɑ、o、e、ê、i、u、ü、-i（前）、-i（后）、er 充当。

3. 韵尾

韵尾是韵腹后面的音素，又叫尾音，由 i、u 或鼻辅音 n、ng 充当。

韵母中只有一个元音时，这个元音就是韵腹；有两个或三个元音时，开口度最大、声音最响亮的元音是韵腹。韵腹前面的元音是韵头，后面的元音或辅音是韵尾。韵腹是韵母的主要成分，一个韵母可以没有韵头或韵尾，但是不可以没有韵腹。

二、韵母的发音

（一）单韵母

1. 舌面元音韵母

舌面元音韵母有 ɑ、o、e、ê、i、u、ü，其发音及示例如下：

ɑ：舌面央、低、不圆唇元音。

爸　打　厦　靶　大　发　马　怕　达　喇

o：舌面后、半高、圆唇元音。

伯　婆　默　泼　墨　薄　膜　馍　破　播

e：舌面后、半高、不圆唇元音。

隔　客　合　车　格　阂　特　折　色　个

i：舌面前、高、不圆唇元音。

记　地　励　基　题　忆　霹　激　雳　习

u：舌面后、高、圆唇元音。

补　读　助　物　负　瀑　辜　布　伍　疏

ü：舌面前、高、圆唇元音。

聚　须　区　居　域　屈　序　臾　语　曲

ê：舌面前、半低、不圆唇元音。

告别　感谢　夜晚　消灭　坚决　省略

在普通话中，ê 只在语气词“欸”中单用。ê 不与任何辅音声母相拼，只构成复韵母 ie、üe，并在书写时省去上面的附加符号“ˆ”。

2. 舌尖元音韵母

舌尖元音韵母有 -i（前）、-i（后），其发音及示例如下：

-i（前）：舌尖前、高、不圆唇元音。

私　此　自　次　子　字　词　孜　四　思

-i（后）：舌尖后、高、不圆唇元音。

实　支　施　持　识　知　制　试　值　日

3. 卷舌单韵母

卷舌单韵母是 er，其发音及示例如下：

er：卷舌央、中、不圆唇元音。

儿　二　而　尔　耳　迩　饵

（二）复韵母

复韵母是由两个或三个元音组成的韵母。复韵母的发音有两个特点：一是元音之间没有明显的界线，整个过程是从一个元音滑向另一个元音；二是各元音的发音响度不同。主要元音的发音口腔开口度最大、声音最响亮、持续时间最长，其他元音发音轻短或含混模糊。

1. 前响复韵母

前响复韵母指主要元音处在前面的复韵母，普通话前响复韵母有 4 个：ai、ei、ao、ou。发音时，开头的元音清晰响亮、时间较长，后头的元音含混模糊，音值不太固定，只表示舌位滑动的方向。

ai：　开　来　彩　爱　该　抬　海　卖　埋　奈

ei：　杯　煤　蕾　被　黑　肥　给　妹　飞　陪

ao：　包　逃　倒　涝　高　毛　跑　闹　曹　考

ou：　沟　投　吼　漏　周　楼　丑　后　都　够

2. 后响复韵母

后响复韵母是指主要元音处在后面的复韵母。普通话后响复韵母有 5 个：ia、ie、ua、uo、üe。它们发音的特点是舌位由高向低滑动，收尾的元音响亮清晰，在韵母中处在韵腹的位置。而开头的元音都是高元音 i-、u-、ü-，由于它处于韵母的韵头位置，发音轻短，只表示舌位滑动的方向。

ia：　家　霞　假　恰　瞎　辖　甲　洽　下　架

ie：　接　斜　且　谢　贴　屑　解　窃　跌　聂

ua：　瓜　华　垮　刷　抓　话　挖　滑　挎　刮

uo： 郭 罗 所 做 说 驮 果 扩 绰 夺

üe： 缺 学 雪 却 约 绝 血 越 诀 掠

3. 中响复韵母

中响复韵母是指主要元音处在中间的复韵母。普通话中的中响复韵母共有 4 个：iao、iou、uai、uei。这些韵母发音的特点是舌位由高向低滑动，再从低向高滑动。开头的元音发音不响亮、较短促，只表示舌位滑动的开始，中间的元音清晰响亮，收尾的元音轻短模糊，音值不太固定，只表示舌位滑动的方向。

iao： 销 聊 脚 掉 挑 桥 表 摇 秒 飘

iou： 优 求 久 就 秋 刘 有 秀 休 钮

uai： 乖 怀 甩 块 歪 拐 帅 槐 外 坏

uei： 微 捶 鬼 最 追 随 尾 会 对 推

（三）鼻韵母

鼻韵母是指带有鼻辅音的韵母，又叫作鼻音尾韵母。鼻韵母的发音有两个特点：一是元音同后面的鼻辅音不是生硬地结合在一起，而是成为有机的统一体。发音时，逐渐由元音向鼻辅音过渡，逐渐增加鼻音色彩，最后形成鼻辅音。二是除阻阶段做韵尾的鼻辅音不发音，所以又叫唯闭音。鼻韵母的发音不是以鼻辅音为主，而是以元音为主，元音清晰响亮，鼻辅音重在做出发音状态，发音不太明显。

1. 前鼻音尾韵母

前鼻音尾韵母指的是鼻韵母中以 -n 为韵尾的韵母。普通话中的前鼻音尾韵母有 8 个：an、en、in、un、ian、uan、üan、uen。韵尾 -n 的发音部位比声母 n- 的位置略微靠后，一般是舌面前部向硬腭接触。前鼻音尾韵母的发音中，韵头的发音比较轻短，韵腹的发音清晰响亮，韵尾的发音只做出发音状态。

an： 班 盘 满 饭 单 谈 懒 看 含 山

en： 奔 盆 粉 闷 根 陈 肯 恨 人 真

in： 宾 贫 敏 吝 金 秦 引 信 您 亲

ün： 均 云 训 群 军 寻 运 裙 俊 允

ian： 肩 连 检 欠 篇 钱 显 变 田 沿

uan： 穿 团 软 段 酸 船 管 乱 环 暖

üan： 捐 全 远 院 宣 员 卷 泉 愿 旋

uen： 昆 存 损 论 温 魂 准 混 孙 纯

汉语拼音方案规定，韵母 uen 和辅音声母相拼时，受声母和声调的影响，中间的元音（韵腹）产生弱化，写作 un，例如“论”写作 lùn，不作 luèn。

2. 后鼻音尾韵母

后鼻音尾韵母指的是鼻韵母中以 -ng 为韵尾的韵母。普通话中的后鼻音尾韵母有 8 个：ang、eng、ing、ong、iang、uang、ueng、iong。ng[ŋ] 是舌面后、浊、鼻音，在普通话中只做韵尾不做声母。发音时，软腭下降，关闭口腔，打开鼻腔通道，舌面后部后缩，并抵住软腭，气流颤动声带，从鼻腔通过。在鼻韵母中，同 -n 的发音一样，-ng 除阻阶段也不发音。后鼻音尾韵母的发音中，韵头的发音比较轻短，韵腹的发音清晰响亮，韵尾的发音只做出发音状态。

ang： 帮 常 党 胖 当 狼 场 上 唐 浪

eng： 风 萌 冷 蹦 灯 朋 猛 邓 横 坑

ing： 兵 宁 影 命 青 平 领 静 停 令

ong： 空 红 董 痛 松 同 哄 洞 龙 攻

iang： 江 墙 想 亮 枪 杨 讲 样 向 良

uang： 窗 狂 谎 忘 双 黄 网 况 装 况

ueng： 翁 瓮 蓊 蕹

iong： 凶 穷 勇 用 胸 琼 泳 雄 窘 兄

知识链接

整体认读音节是指不经声、韵母拼读，直接读出的音节，它们是不能被拼出的。

1. 韵母是舌尖后元音 -i 的：zhi chi shi ri；
2. 韵母是舌尖前元音 -i 的：zi ci si；
3. 韵母是舌面元音 e 的：ye；
4. 韵母 i、in、ing、u 加 y、w 构成音节的：yi yin ying wu；
5. 韵母 ü、üe、ün、üan 加 y 构成音节的：yu yue yun yuan。

三、韵母的辨正

同声母一样，我国各地的方言和普通话在韵母方面存在着很多差异，因此，各方言区的人们在学习普通话时要认真练习韵母的正确发音，仔细辨析。

（一）注意读准鼻韵母

普通话中鼻韵母共有16个，不少方言区的人们发不准鼻韵母，表现在两个方面：一是存在着 -n、-ng 混读的现象，多数表现为 en、eng 不分和 in、ing 不分；二是鼻尾音归位不够，常将普通话前鼻音韵母读成鼻化元音。

要改变此类读音状况，方言区的人们可以从以下两方面入手：

（1）首先学会普通话 -n、-ng 韵尾的正确发音，找准其发音部位。

（2）要多练习，多朗读带鼻韵母的常用汉字，仔细感受。

（二）注意还原一音带多的韵母

有不少方言区存在着一个韵母统带普通话中分属几个韵母的现象，即普通话的几个韵母在方言中却发音成了一个韵母，例如：普通话的 eng、ong，发音为 eng，但在某些方言中，“能”（néng）读 néng，“农”（nóng）也读 néng；普通话的 ai、i、o、e，发成韵母 ei 的音等。

这种情况的普遍存在，势必造成读音混乱，方言区的人们要多看字典或其他标准普通话影像资料，确定常用字的准确发音，将一音带多的韵母还原。

（三）注意读准 o、e、uo

在普通话里韵母 o、e、uo 三个韵母区别清楚，而在一些方言中它们却是相互混淆、彼此不分的。例如：把普通话 o 韵母的一些字读成 e 韵母的字，把“菠菜”（bōcài）读成 bēcài；把普通话 e 韵母的一些字读成 o 韵母的字，把“哥哥”（gēge）读成 gogo；把 o、e、uo 等韵母全都读成 uo。

任务训练

一、朗读下列韵母，体会单韵母、复韵母、鼻韵母的发音。

a—ai—ao—an—ang　　o—uo—ong

e—ei—en—eng　　i—ia—ian—iang

i—in—ing　　ua—uai—uan—uang

ü—ün—iong　　ü—üe—üan—ün

二、听读下列词语，并标出韵母。

书籍—书局　板子—本子　盘子—盆子　气味—趣味　翻身—分身

戏曲—序曲　展室—诊室　改了—给了　颜色—银色　分派—分配

联姻—林荫　考试—口试　先行—新型　稻子—豆子　传情—纯情

牢房—楼房　躺椅—藤椅　反问—访问　长度—程度　水潭—水塘

申明—声明　出身—出生　水滨—水兵　贫民—平民　前头—拳头

三、朗读下列词语，读准韵母，再用每个词说句话。

发音示范（部分）

1. 前、后鼻韵母辨正训练

反问—访问　开饭—开放　心烦—心房　铲子—厂子

清真—清蒸　伸张—声张　瓜分—刮风　终身—钟声

禁地—境地　临时—零食　民生—名声　信服—幸福

勋章—胸章　运费—用费　亲近—清静　深沉—生成

2. ai 和 ei 韵母辨正训练

分配—分派　耐心—内心　卖力—魅力　百强—北墙

白鸽—悲歌　外部—胃部　牌价—陪嫁　陪伴—排版

3. o、e、uo 韵母辨正训练

科大—扩大　开课—开阔　河水—活水　乐和—洛河

和平—和面　贺喜—获悉　大哥—大锅　计策—记错

四、朗读下面的绕口令，注意韵母的准确发音。

1. 一二三四五，我要学打鼓；打鼓怕用力，去学编斗笠；斗笠孔孔多，又去学补锅；补锅我嫌脏，再去学补碗；补碗怕打烂，赶快学划船；划船太费力，又去学杀鸡；杀鸡不断气，长出白胡须！

2. 一个胖娃娃，画了三个大花活蛤蟆，三个胖娃娃，画不出一个大花活蛤蟆。画不出一个大花活蛤蟆的三个胖娃娃，真不如画了三个大花活蛤蟆的一个胖娃娃。

3. 小吴和小顾，跟着老卢学二胡。老卢时常夸小顾，二胡功夫练得熟。小吴苦练拉二胡，要赶上小顾超过老卢。

4. 打南坡走过来个老婆婆，俩手托着俩笸箩。左边笸箩里装的菠萝，右边笸箩里装的萝卜。你说说，是左边笸箩里的菠萝多，还是右边笸箩里的萝卜多？说得对，送给你一笸箩菠萝；说得不对，罚你替老婆婆把两笸箩菠萝和萝卜送到大北坡。

5. 大妹和小妹，一起去割麦，大妹割小麦，小妹割大麦，大妹帮着小妹推大麦，小妹帮着大妹背小麦，推完大麦背小麦，背完小麦推大麦，堆罢大麦堆小麦，大妹小妹齐打麦，大妹打小麦，小妹打大麦，拍拍打打，打打拍拍，大妹小妹多欢快。

五、朗读下面的古诗，注意读准韵母。

朗读示范

渔 家 傲

[宋] 范仲淹

塞下秋来风景异，衡阳雁去无留意。四面边声连角(jiǎo)起。千嶂(zhàng)里，长烟落日孤城闭。

浊(zhuó)酒一杯家万里，燕(yān)然未勒归无计。羌管悠悠霜满地。人不寐，将军白发征夫泪。

任务四

辨别声调

任务情境

一天市场上来了一个卖鱼的和一个卖枣的，卖鱼的扯着嗓子一个劲地叫喊着：“鱼啦，鱼啦。”旁边那个卖枣的也不甘示弱，紧接着嚷：“糟（枣）啦，糟（枣）啦。”“鱼啦。”“糟啦。”“鱼啦。”“糟啦。”……卖鱼的越听越不对劲，觉得卖枣的好像有意跟他作对，于是两人吵了起来。

造成卖鱼人误会的原因就是，卖枣的人把“枣”（zǎo）喊成了“糟”（zāo），把声调“三声（上声）”发成了“一声（阴平）”影响了语意的表达。汉语的声调具有区别意义的作用，声调不准是造成歧义或语音错误的重要原因之一。

知识支撑

一、声调简介

声调是音节中具有区别意义作用的音高变化。声调贯穿整个音节的始终，主要作用在韵腹上。在汉语里，一般一个音节表示一个汉字（儿化除外），所以声调也叫字调。声调包括调值和调类两个方面。

（一）调值

调值又称调形，指声调高低、升降、曲直、长短的变化形式，也就是声调的实际读法。我们一般用“五度标记法”来标记声调的调值。

五度标记法是语言学家赵元任为把调值描写得具体、易懂而创造的一种标记调值相对音高的方法。画一条竖线，分作四格五度，表示音调的相对音高，并在竖线的左侧画一条短线或一点，表示音高升降变化的形式。根据音高变化的形式，制成五度标调符号，有时也采用两位或三位数字表示。

（二）调类

调类指声调的类别，就是把调值相同的音归纳在一起建立起来的声调的类别。如普通话的“去、替、废、动、恨”调值相同，都是由 5 度到 1 度，就属于同一个调类。按照调值归纳出来，普通话里有 4 种基本的调类，即阴平、阳平、上声、去声。

（1）阴平（第一声）：一个音又高又平，就是由 5 度到 5 度，调值为 55，是个高平调。声带绷到最紧，始终无明显变化，保持音高，例如：“高、飞、天、空”。

（2）阳平（第二声）：由中音升到最高，就是由 3 度到 5 度，调值为 35，是个高升调。声带从不松不紧开始，逐步绷紧，直到最紧，声音从不低不高到最高，例如：“来、回、繁、忙”。

（3）上声（第三声）：由半低音降到低音再升到半高音，即由 2 度降到 1 度再升到 4 度，是先降后升的曲折调，调值为 214。声带从略微有些紧张开始，立刻松弛下来，稍稍延长，然后迅速绷紧，但没有绷到最紧，例如：“勇、敢、友、好”。

（4）去声（第四声）：由最高降到最低，就是由 5 度降到 1 度，调值为 51，是个全降调。声带从紧开始到完全松弛为止，声音从高到低，音长是最短的，例如：“建、设、世、界”。

标　调　歌

一个音节一个调，声调符号像顶帽。
声调符号标在哪？只在韵母头上标。
有 ɑ 不放过；没 ɑ 找 o、e。

i、u 并列标在后；轻声上面不标调。

还有一点别忘记，i 母标调点去掉。

二、声调辨正

（一）调类辨正

普通话有阴平、阳平、上声、去声 4 个调类，七大方言区的调类数差别明显，主要原因是古入声字的分源。方言区的人们在学习普通话过程中，需要按照调类读为阴、阳、上、去四声。

（二）调值辨正

1. 阴平的辨正

（1）调值不够高。阴平调值是 55，但有方言区念成 44、33，甚至 11，例如："现在开始播音"中的"播音"两个字念成最低音 11，就带有较明显的方言色彩。

（2）阴平读成降调。例如：普通话"生生不息"中的"生生 shēngshēng"本是高平，有些地方却读成下降的调子，听起来像是"胜胜 shèngshèng"。

（3）阴平读成降升调。有方言区将高平调拐弯，例如："茶杯 chábēi"的"杯"发成类似普通话"北 běi"的音，而"纸张 zhǐzhāng"中的"张"类似"掌 zhǎng"。

2. 阳平的辨正

（1）阳平读成平调。例如："方糖 fāngtáng"中的"糖"听起来像"汤 tāng"，"去年 qùnián"中的"年"又像"拈 niān"。

（2）阳平读为降调。例如："学生 xuéshēng"中"学"类似"穴 xuè"，"权力 quánlì"中的"权"听似"劝 quàn"。还有的地方容易把阳平读成低升调 13 或 24，而不是中升调 35。

3. 上声的辨正

（1）上声调值不完全，上声调值是 214。发音时，要前短后长，但有的地区的人由于习惯，往往读的前长后短，致使声调不完全，或者发成 213 的调值。

（2）上声读成降调。例如："是你 shìnǐ"中的"你"发成"腻 nì"，"网上 wǎngshàng"中的"网"好似"旺 wàng"。

（3）上声读为平调。例如："饭碗 fànwǎn"里的"碗"听起来像是"弯 wān"，

“营养 yíngyǎng”中的“养”又类似“秧 yāng”。

4. 去声的辨正

去声读成升调或平调。例如：“四川 sìchuān”中的“四”好像是“sí”，“报告”类似“báogáo”。

任务训练

一、按普通话四声的调值念下面的音节。

1. 阴平

他　开　猫　歌　真　商　西　修　初　军　风

2. 阳平

肥　头　南　横　成　直　图　云　足　唇　鱼

3. 上声

比　洒　美　广　我　引　与　往　取　鼓　补

4. 去声

热　代　赠　妙　效　算　嫁　既　训　寸　炮

二、四声调发音混合练习。

1. 阴＋阳　宣传　优良　欢迎　中华　科学
2. 阳＋阴　来宾　崇高　回家　蓝天　平安
3. 上＋阴　指标　解说　普通　雨衣　卷烟
4. 上＋阳　果园　改革　坦白　远洋　口才
5. 上＋去　稿件　请假　统治　理论　苦难
6. 去＋阴　特征　列车　录音　唱歌　律师
7. 去＋阳　问题　地图　配合　调查　面前
8. 去＋上　汉语　阅览　幻想　默写　下雪

三、注意区别下列词语的读音。

整洁—政界　鸳鸯—远洋　指导—知道　实施—事实

展览—湛蓝　冲锋—重逢　贺信—核心　主体—主题

题材—体裁　乘法—惩罚　天才—甜菜　申请—深情

无疑—武艺　司机—四季　医务—遗物　信封—信奉

四、绕口令。

1. 梁木匠，梁瓦匠，两梁有事常商量，梁木匠天亮晾衣裳，梁瓦匠天黑量高粱。梁木匠晾衣裳受了凉，梁瓦匠量高粱少了粮。梁瓦匠思量梁木匠受了凉，梁木匠体谅梁瓦匠少了粮。

2. 路东住着刘小柳，路南住着牛小妞，刘小柳拿着大皮球，牛小妞抱着大石榴，刘小柳把大皮球送给牛小妞，牛小妞把大石榴送给刘小柳。

3. 老师老是叫老史去捞石，老史老是没有去捞石。老史老是骗老师。老师老是说老史不老实。

4. 一篓油，油不漏；两篓油，油漏篓；三篓油，油不漏；四篓油，油漏篓。

五、判断下面划线字的声调。

束缚　惩罚　侮辱　复杂　挑剔　憎恨　花茎　挫折

气氛　笨拙　号召　针灸　渲染　因为　编纂　创伤

六、朗读下面的古诗，感受声调抑扬顿挫的美。

登黄鹤楼

[唐]崔颢

昔人已乘黄鹤去，此地空余黄鹤楼。
黄鹤一去不复返，白云千载空悠悠。
晴川历历汉阳树，芳草萋萋鹦鹉洲。
日暮乡关何处是？烟波江上使人愁。

朗读示范

七、试读下面的内容，注意读准声调。

石室诗士施氏，嗜狮，誓食十狮。适施氏时时适市视狮。十时，适十狮适市。是时，适施氏适市。施氏视是十狮，恃矢势，使是十狮逝世。氏拾是十狮尸，适石室。石室湿，氏使侍拭石室。石室拭，氏始试食是十狮尸。食时，始识是十狮尸，实十石狮尸。试释是事。

（赵元任《施氏食狮史》）

任务五

掌握语流音变

任务情境

古代有个大老粗，仗着姐夫是当朝兵部尚书，当上了一名地方统兵官，上任时姐夫叮嘱他："要多读点书，提高提高自己才好。"

大老粗满口答应。到任第一天，他就叫手下的师爷开一个书目，要把最重要的、应该最先读的兵书放在最前面。

第二天，师爷递上书单，其中第一本是《孙子兵法》，大老粗一看大怒："为什么要学孙子的兵法？真是乱弹琴！我要学就学老子的兵法，你书单上怎么没有开？"

"回老爷，《老子》是有，但不是讲兵法的。"

"既然老子没有兵法书，儿子也没有，那怎么先学孙子的兵法呢？"

师爷满脸通红，真是"秀才遇到兵，有理说不清"。

《孙子兵法》中的"孙子"是人名，应该读"sūnzǐ"，但是大老粗却认为是生活中的"孙子"，成了轻声"sūnzi"，所以才引起了这样的笑话。在普通话里，"子"表示敬称时不能轻读，而表示祖孙、父子关系的称呼时，则必须轻读。可见，我们说话时不仅要注意声调，还要注意词语的变调情况。

知识支撑

人们在说话或朗读时，并不只是发出一个个孤立的单音节，而是把音节组成一连串自然的“语流”。在语流中，一个音由于受到前后音的影响，或者受到说话的高低、快慢、强弱等因素的影响，会发生一些变化，这种现象叫作语流音变。普通话里的音变现象主要有变调、轻声、儿化以及语气词“啊”的音变等。只有掌握了音变的规律，并反复练习发生音变的词语或句子，才能使普通话发音流利自然。

一、变调

普通话的音节在连续发出时，其中有一些音节的调值会受到后面的音节声调的影响，从而发生改变，这种现象就叫变调。

普通话的变调主要分为上声变调、“一”“不”变调、重叠词变调。

（一）上声变调

普通话上声音节在单念或处于句尾以及处于句中语音停顿位置时，没有后续音节的影响，即可读原调。在其他情况下一般要作变调处理，具体分为：

1. 上声音节在非上声前，读为半上声，其调值由 214 变 21（或 211）。例如：

首都　眼镜　火柴　礼花　雨衣　省事　警察　捕捞

2. 上声音节和上声音节连读，前面一个音节读为阳平，调值由 214 变为接近 35。例如：

保险　保养　党委　尽管　老板　本领　引导　古老

3. 三个上声相连的变调

三个上声音节相连，词语的组合可以有不同的层次。层次不同，上声的变调情况也不相同。

（1）第一类情况叫作“双单格”，亦称为“2+1”结构，即“双音节＋单音节”结构的词语。第一、第二个上声变为阳平，第三个上声读原调，调值为“35+35+214”。

例如：

演讲稿　　跑马场　　展览馆　　管理组　　水彩笔　　蒙古语

(2) 第二类情况叫作“单双格”，亦称为“1 + 2”结构。第一个上声变为“前半上”，第二个上声变为直上，第三个上声读原调，调值为“21+35+214”。例如：

史小姐　　党小组　　好小伙　　跑百米　　纸老虎　　李厂长

(3) 第三类情况叫作“单三格”，亦称作“1 + 1 + 1”结构。第一、第二个上声变成阳平，第三个上声读原调，即上声 + 上声 + 上声→阳平 + 阳平 + 上声。例如：

缓减免　　软懒散　　好雨伞　　老组长

（二）“一”“不”变调

“一”的单字调是阴平，“不”的单字调是去声。它们在单念或处于词尾、句尾时读原调，如“二〇〇一”“统一”“你不”“不”等。“一”作序数表示“第一”的意义，不变调，而在其他情况下就要做变调处理。

1. “一”“不”在去声音节前面都要变调，都要变成阳平调值。例如：

一致　　一再　　一定　　一律　　一瞬　　一共　　一带　　一向　　一色

不是　　不错　　不赖　　不断　　不对　　不妙　　不看　　不累　　不怕

2. “一”“不”在非去声音节（阴平、阳平、上声）前，“一”变读为去声，“不”不变调，仍念去声。例如：

一早　　一晚　　一朝　　一夕　　一心　　一生　　一齐　　一同　　一直

不能　　不好　　不吃　　不懂　　不开　　不来　　不说　　不难　　不走

3. “一”夹在动词中间，读轻声；“不”夹在动词中间、形容词中间时，读作轻声。例如：

走一走　　遛一遛　　看一看　　写一写　　想一想　　读一读

吃不吃　　想不想　　去不去　　气不气　　卖不卖　　好不好

（三）重叠词变调

当形容词重叠出现在语流之中时，除阴平调的音节的调值不发生变化外，其他声调的音节往往会发生相应的调值变化。

阳平、上声、去声的单音节形容词重叠，第二个音节均读成阴平调的同时儿化。例如：

红红儿的　　满满儿的　　慢慢儿地

双音节形容词重叠，后面两个音节时常变为阴平调，其中第二个音节则变为轻声。例如：

干干净净　　漂漂亮亮　　老老实实

重叠形容词变调并非绝对，有些口语中不太常见的形容词重叠现象可以不发生变调。

二、轻声

有些音节在词语或句子里，常常失去原有的声调，读成一种又轻又短的调子。这种又轻又短的调子，叫作轻声。

（一）轻声的读法

轻声不是四声之外的第五种声调，而是四声的一种特殊音变。轻声在物理属性上的主要表现是：音长变短，音强变弱。音高上的表现是：受前一个字声调的影响而变得不固定。有的轻声还可以影响字音的声母和韵母，引起音色的变化。其大致情况是：

1. 阴平 + 轻声：半低（调值为 2）。例如：

跟头　　柑子　　蹲下　　他的　　桌子　　说了

2. 阳平 + 轻声：中调（调值为 3）。例如：

石头　　桃子　　拦下　　红的　　房子　　晴了

3. 上声 + 轻声：半高（调值为 4）。例如：

里头　　李子　　躺下　　我的　　斧子　　洗了

4. 去声 + 轻声：低调（调值为 1）。例如：

木头　　柿子　　坐下　　坏的　　扇子　　睡了

（二）轻声的作用

1. 区别词义。例如：

东西 dōngxī（方向）　　dōngxi（物体）

地方 dìfāng（相对“中央”而言）　　dìfang（处所）

2. 区分词性。例如：

大意 dàyì（名词，主要内容）　　dàyi（形容词，不小心）

人家 rénjiā（名词，住户）　　rénjia（代词，指别人，也可指自己）

（三）轻声的规律

1. 助词“的、地、得、着、了、过”和语气词“吧、吗、呢、啊”等读轻声。例如：

领路的　　愉快地　　学得好　　笑着　　活了

看过　　他呢　　谁啊　　放心吧　　来吗

2. 叠音词和重叠形式动词的第二个音节读轻声。例如：

星星　　妈妈　　坐坐　　读读　　了解了解　　商量商量

3. 用在名词、代词后面的方位词“上、下、里、边、面”等读轻声，但方位词“内、外”等一般不读轻声。例如：

脸上　　山下　　地底下　　村子里　　前边　　外面　　里面

4. 用在动词、形容词后面表示趋向的动词“来、去、起来、下去”等读轻声。例如：

进来　　起来　　出去　　热起来　　说出来　　夺回来　　挑回去　　跑下去

5. 量词“个”读轻声。例如：

这个　　哪个　　一个

6. 构词用的虚语素“子、头”和表示多数的“们”等读轻声。例如：

桌子　　馒头　　你们

7. 一些双音节词语的第二个音节习惯读轻声。例如：

云彩　　护士　　事情　　脑袋　　买卖　　窗户　　算盘　　消息

三、儿化

“er”在普通话里是一个比较特殊的韵母，它不同声母相拼，也不能同其他音素组合成复合韵母，可以自成音节。“er”自成的音节很少，常见的有“耳、而、儿、饵、尔、二、贰、迩”等。此外，“er”常附在其他音节后边，使这个音节发生变化，成为一个带卷舌动作的韵母，这就是儿化现象。儿化后的韵母称儿化韵。带儿化的韵母的音节，一般用两个汉字来表示。用汉语拼音字母写这些儿化音节，只需在原来的音节之后加上“r”。

（一）儿化的作用

1. 区别词义。例如：

小人—小人儿　　　　一块—一块儿

2. 区分词性。例如：

盖—盖儿　　准—准儿

3. 表示细小、轻微的状态或性质。例如：

小孩儿　　小枝儿　　铁丝儿　　粉笔末儿　　放点虾仁儿　　碰破点皮儿

4. 表示亲切、温和或喜爱的感情色彩。例如：

小脸蛋儿　　雪人儿　　知心话儿　　小孩儿　　老头儿　　小鸟儿

（二）儿化的发音和音变规律

1. 音节末尾是 a、o、e、ê、u（包括 ao、iao 的 o）的，儿化后韵母不变，直接加卷舌 r。例如：

a–ar 哪儿　　ia–iar 豆芽儿　　ua–uar 牙刷儿

o–or 锯末儿　　uo–uor 酒窝儿　　e–er 小车儿

2. 韵尾是 i、n（除 in、ün 外）的，儿化后丢掉韵尾，主要元音后加卷舌 r。例如：

ai–ar 锅盖儿　　uai–uar 乖乖儿　　an–ar 竹竿儿

3. 韵母是 in、ün 的，儿化后丢掉韵尾，还要加 er。例如：

in–ier　　背心儿　　脚印儿

ün–üer　　花裙儿　　合群儿

4. 韵母是 i、ü 的，儿化后加 er。例如：

i–ier　　米粒儿　　玩意儿

ün–üer　　金鱼儿　　有趣儿

5. 韵母是 -i（前）、-i（后）的，韵母变作 er。例如：

-i（前）—er　　瓜子儿　　没词儿

-i（后）—er　　树枝儿　　没事儿

6. 韵母是 ng 的，儿化后丢掉韵尾，韵腹带鼻音，加卷舌 r。例如：

ang–ãr　　药方儿　　后晌儿

iang–iãr　　瓜秧儿　　唱腔儿

7. 韵母是 ing、iong **的，儿化后丢掉韵尾，加上鼻化的** ẽr。**例如：**

ing–iẽr　　花瓶儿　　电影儿

iong–ioẽr（üẽr）　　小熊儿　　哭穷儿

四、语气词“啊”的音变

语气词“啊”一般单独用或用在句末，单独用时语音没有变化；用在句末时，由于受前一个音节末尾音素的影响，发生各种音变，我们称之为“啊”的音变。语气词“啊”的音变规律有：

1. 前面音素是 a、o（ao、iao **除外**）、e、ê、i、ü **时，“啊”变读为** ya，**写作“呀”。例如：**

用劲儿拔啊！

要努力争取啊！

你还写不写啊？

快来喝啊！

2. 前面音素是 u、ou、iou（**包括** ao、iao）**时，“啊”变读为** wa，**写作“哇”。例如：**

大声读啊！

快点儿走啊！

真巧啊！

3. 前面音素是 n、an、en、in、ün、ian、uan、üan、uen **时，“啊”变读为** na，**写作“哪”。例如：**

一个好人啊！

走路要小心啊！

这道题真难啊！

4. 前面音素是 ng、ang、eng、ing、ong、iang、uang、ueng、iong **时，“啊”变读为** nga，**仍写作“啊”。例如：**

这样不成啊！

请静一静啊！

真重啊！

5. 前面音素是 -i（前）时，“啊”变读为（z）a，仍写作“啊”。例如：

这是蚕丝啊！

这可是工资啊！

多好的陶瓷啊！

6. 前面音素是 -i（后）、er、-r 时，“啊”变读为 ra，仍写作“啊”。例如：

他是我的老师啊！

怎么回事啊？

多鲜艳的花儿啊！

任务训练

一、听读下列字词，比较上声原调的调值和变调后的调值在音高上的区别。

美—美丽—美好	领—领袖—领导	海—海豚—海水
理—理由—理想	考—考试—考古	免—免费—免洗
省—省会—省长	广—广大—广场	导—导游—导演
请—请客—请柬	整—整齐—整理	铁—铁矿—铁塔

发音示范

二、“一”“不”变调综合训练。

1. 读下列短文，注意“一”的变读。

（1）《一心一意》

干什么工作都要一心一意，表里如一，言行一致，埋头苦干；情绪不能一高一低，一好一坏，一落千丈，一蹶不振。

（2）《咏渔舟》　［清］纪昀

一篙一橹一渔舟，一个艄公一钓钩。

一拍一呼一声笑，一人独占一江秋。

2. 读下列词语，注意“不”的变读。

不露声色	不明不白	不偏不倚	不大不小	不卑不亢
不痛不痒	不计其数	不打自招	不置可否	不即不离
不屑一顾	不毛之地	不上不下	不共戴天	不伦不类

三、轻声训练。

1. 轻重对立词练习

兄弟—兄弟　　买卖—买卖　　等等—等等　　大意—大意

大爷—大爷　　地道—地道　　地下—地下　　琢磨—琢磨

2. 句子练习

（1）他太“大意”了，把“段落大意”都写错了。

（2）虽然我的“兄弟”常年不在家，但我们“兄弟”之间感情很好。

（3）做“买卖”要讲究“买卖”公平。

四、儿化练习。

1. 词语练习

门—门儿　　面—面儿　　画—画儿　　沿—沿儿　　头—头儿

曲—曲儿　　劲—劲儿　　点—点儿　　碗—碗儿　　玩—玩儿

2. 句子练习

（1）漂亮的小花猫儿。

（2）好看的小脸盆儿。

（3）小刚用一根儿铁丝儿捆了一堆儿小铁片儿。

（4）小鸟儿在树枝上叫出声儿，小鱼在水里边儿吐出泡儿。

五、绕口令。

1.《学画画儿》

小小子儿，不贪玩儿。画小猫儿，钻圆圈儿；画小狗儿，蹲小庙儿；画小鸡儿，吃小米儿；画个小虫儿，顶火星儿。

2.《练字音儿》

进了门儿，倒杯水儿，喝了两口儿运运气儿，顺手拿起小唱本儿。唱一曲儿，又一曲儿，练完嗓子练嘴皮儿。绕口令儿，练字音儿。还有单弦儿牌子曲子儿，小快板儿，大鼓词儿，越说越唱越带劲儿。

六、朗读下面的句子，并给“啊”的音变注音。

1. 桂林的山真奇啊！

2. 漓江的水真清啊！

3. 你看这葡萄长得多好啊！

4. 唐诗啊，宋词啊，他能背两百多首。

模块二

技能训练

项目二

朗读

学习目标

❶ 了解朗读的基本要求。

❷ 掌握朗读基本技巧——停连、重音、语气、节奏，准确地表达作品的内在含义。

❸ 朗读时要做到语音准确，吐字清晰、停连和轻重得当、自然流畅、语速得当、有真情实感、克服语调偏误。

任务一

了解朗读的基本要求

任务情境

一位语文教师在课堂上讲述林觉民的《与妻书》一文时，简要地介绍了作者和解释了“绝命书”一词后，对课文内容未做任何分析讲解，就开始用她沉静的语调动情地朗读课文，学生深深地受到了感染，“都不约而同地低下了头，寂静无声的教室响起一片唏嘘”，竟至“放声哭泣”。

相信大家都有过上述经历和体验，一个具有出色朗读能力的教师在班级声情并茂地朗读，能够在不知不觉中吸引学生，甚至能够促使学生对文字世界充满无限幻想，这就是朗读的魅力。因为朗读有助于培养阅读理解能力、感受能力，也能陶冶情操，提高口头表达能力，是一种行之有效的训练手段。尤其作为未来的保育师，朗读是保育师必须具备的基本技能之一，借此引导不同年龄的婴幼儿倾听、理解和模仿语言，培养早期阅读兴趣和习惯。

知识支撑

朗读是用清晰、响亮的声音把书面语言转化为有声语言的口语表达方式。朗读要在重视原作的基础上，融入自己的思想感情，运用各种技巧进行语言艺术的再加工。

进行朗读训练前，受训者必须明确朗读的基本要求，从而避免训练的盲目性和随意性，否则难以提高朗读水平，朗读训练也无法达到预期目的。朗读的基本要求大致有以下四个方面。

一、正确、清晰

正确是朗读的根本。正确地朗读要从声母、韵母、声调三个角度考核一个音节的正确发音，纠正方言偏误，克服平翘舌不分、前后鼻音不分等发音缺陷，注意轻声、儿化及上声、“一”“不”“啊”的语流音变，保持发音的规范纯正。此外，吐字发音不仅要清晰悦耳，做到忠于原作，不添字、不丢字、不重复等，还要尽力避免含混不清等现象的出现。

二、流利、适度

流利，在做到正确朗读的同时还要做到流利地朗读。具体而言就是口齿伶俐、语流顺畅、松紧适度。即不顿读，不读破句子；不断读，不带口头禅。

适度，除了指朗读速度要合适外，还包括语调的自然平实。既有内在感情的丰富变化，又要保持声音形式的质朴无华，不要给听者一种心不在焉或矫揉造作之感。

三、丰富、自然

丰富指丰富的联想和想象，是朗读者再现作品的最佳途径。朗读者在感悟作品呈现的情境，与作者感同身受的基础上，尽可能地用有声语言表现出文学作品的精妙之处，把对作品的理解感受形之于声，使听众产生如临其境的感受。

自然指自然的情感把握，是对朗读的较高层次的要求。朗读者应做到不急不躁，表达有度，既不能简单地应付，也不能随心所欲地夸张，要在自然状态下将丰富的感情表达得淋漓尽致。

四、准确、深入

在朗读时必须以准确和深入地理解作品的主题、把握作品语言风格为基础，除此之外，朗读者还要恰当地确定朗读的基调。基调，是指作品的基本情调，即作品总的态度情感、总的色彩和分量，以及朗读者的具体态度。朗读作品必须确定作品的基调，要认真对作品的主题、内容、情感进行充分细致地解读，只有这样，作品的思想、感情、语言才能成为朗读者的思想、感情和要说的话。

知识链接

朗诵与朗读的区别

朗诵是一门艺术。它是用清晰、响亮的声音，结合各种有声语言的表达技巧，辅以体态、手势、表情、动作等手段，准确地表达作品思想感情的语言艺术形式。朗诵的要求比朗读高，它要求面对观众，不看作品，除运用声音技巧外，还要借助眼神、手势等体态语言帮助表达作品感情，引起听众共鸣。

任务训练

一、根据朗读的基本要求，展开联想和想象，朗读《再别康桥》的第一节和第七节。

轻轻的我走了，
　　正如我轻轻的来；
我轻轻的招手，
　　作别西天的云彩。

悄悄的我走了，
　　正如我悄悄的来；
我挥一挥衣袖，
　　不带走一片云彩。

提示： 作者在整首诗中选择了很多我们可以遐想的意象。在开头和结尾选择了一个寓意很深的意象"云彩"。三个"轻轻的"开头，两个"悄悄的"结尾，诗一开头，就让深情如云一般缥缈在空中，结尾处，让云悠闲地留在空中。云，既缥缈变化，又实实在在；既远在天边，又近在眼前，给了我们无穷的想象空间。徐志摩本来就是浪漫洒脱到极致，即便是别离，也要写出行云流水般飞动飘逸的美感。诗人将具体景物与想象糅合在一起，构成诗的鲜明生动的艺术形象，巧妙地把气氛、感情、景象融汇为意境，达到景中有情、情中有景。

二、认真朗读下面的作品，分析作品的基调，再根据朗读的基本要求进行训练。

朗读示范

妈 妈 睡 了

张秋生

妈妈睡了。妈妈哄我午睡的时候，自己先睡着了，睡得好熟，好香。

睡梦中的妈妈真美丽。明亮的眼睛闭上了，紧紧地闭着；弯弯的眉毛，也在睡觉，睡在妈妈红润的脸上。

睡梦中的妈妈好温柔。妈妈微微地笑着。是的，她在微微地笑着，嘴巴、眼角都笑弯了，好像在睡梦中，妈妈又想好了一个故事，等会儿讲给我听……

睡梦中的妈妈好累。妈妈的呼吸那么沉。她乌黑的头发粘在微微渗出汗珠的额头上。窗外，小鸟在唱着歌，风儿在树叶间散步，发出沙沙的响声，可是妈妈全听不到。她干了好多活儿，累了，乏了，她真该好好睡一觉。

提示：《妈妈睡了》是一篇抒情散文。作者通过生动形象的语言，描绘了睡梦中的妈妈真美丽、好温柔、好累……文章以流畅自然的语言为基调，没有华丽的辞藻，不见雕琢的痕迹，但是给人亲切热情的感觉，不仅可以感受到妈妈对孩子的关爱，同时更能体现出孩子对妈妈的爱。

三、认真朗读下面的作品，分析作品的基调，再根据朗读的基本要求进行训练。

朗读示范

植物妈妈有办法

戴巴棣

孩子如果已经长大，
就得告别妈妈，四海为家。

牛马有脚，鸟有翅膀，
植物旅行又用什么办法？

蒲公英妈妈准备了降落伞，
把它送给自己的娃娃。
只要有风轻轻吹过，
孩子们就乘着风纷纷出发。

苍耳妈妈有个好办法，
她给孩子穿上带刺的铠甲。
只要挂住动物的皮毛，
孩子们就能去田野、山洼。

豌豆妈妈更有办法，
她让豆荚晒在太阳底下，
啪的一声，豆荚炸开，
孩子们就蹦着跳着离开妈妈。

植物妈妈的办法很多很多，
不信你就仔细观察。
那里有许许多多的知识，
粗心的小朋友却得不到它。

提示：《植物妈妈有办法》是一首充满情趣的科普儿童诗。诗歌用拟人的手法讲述了各种植物种子传播的过程，需要在朗读时多下功夫，在感悟诗歌表达、获取知识的同时，激发他们观察和探索大自然的兴趣。

任务二

掌握朗读的基本技巧——停连

任务情境

传说清末某大臣奉旨为慈禧太后题写扇面，内容是唐代诗人王之涣的《凉州词》："黄河远上白云间，一片孤城万仞山。羌笛何须怨杨柳，春风不度玉门关。"题写扇面不写标点符号，当然那个时候也还没有标点符号。不料这位大臣一时疏忽，竟漏写了一个"间"字，面呈慈禧太后时，被太后看了出来。太后甚为不悦，要这位大臣拿回扇子自己看，斥其欺太后不知诗，有犯上欺君之嫌。这位大臣接回扇子一看，吓出一身冷汗，不过他很快镇定下来，说："老佛爷息怒，臣是借王之涣诗意为您题写了一首词啊！"太后闻言，倒也给面子，说："你读来听听，如果听来真是一首词，便饶过你；如果听来不是一首词，二罪并罚！"这位大臣朗声便读："黄河远上 / 白云一片 / 孤城万仞山 / 羌笛何须怨 / 杨柳春风 / 不度玉门关。"明知是急中生智，勉力辩解，却也辩得有趣味，慈禧大悦，不治其欺君之罪。

这则传说用今天的观点看，正是由于停顿位置、连接关系的不同，才使得一首"残诗"变成了"妙词"。我们在朗读时，既不能一字一停，断断续续地进行，也不能字字相连，一口气念到底。

停连一方面是朗读者在朗读时生理上的需要，另一方面是句子结构上的需要，再一方面是充分表达思想感情的需要。同时，朗读时的停连也可以给听者一个领略与思考、理解与接受的空间，帮助听者更清楚地理解文意。

知识支撑

停连是指朗读过程中词与词之间、句子与句子之间、层次与层次之间、段落与段落之间声音的停顿和连接。停连能使文字语言转化为有声语言时更准确、更清晰、更生动、更充分。停连，体现着有声语言的顿挫之美，成就着一篇作品独特的节奏感。在朗读过程中，何处停、何处连，是实现停连恰切需要解决的关键问题。

为了更好地在朗读时练习停连，我们常常会使用一些符号。其中符号“/”表示句中语意间短暂的停顿；符号“˄”表示停顿时间稍长一些；符号“︶”表示连接。停连大致可分为以下六种类型。

一、区分性停连

区分性停连，是为了正确区分与表现书面语言词与词之间、词组与词组之间的关系而进行的停顿和连接。区分性停连的作用是使语意表达清晰、明确。例如：

冬天/快到了，它们/买了一坛子猪油/准备过冬吃。老鼠说：“猪油/放在家里，我嘴馋，不如/藏到远一点儿的地方去，到冬天/再取来吃。”猫说：“行啊。”它们/趁天黑，︶把这坛子猪油/送到离家十里远的大庙里/藏起来。(选自《猫和老鼠》)

由上面的例子可以看出，不能机械地理解区分性停连。区分性停连并不是简单的一词一停顿或一词组一停顿，何时停顿与连接要根据具体的语言环境来处理。

二、呼应性停连

呼应性停连，是为了显现前后语意之间的呼应关系而安排的停顿和连接。确定呼应性停连要弄清哪里是“呼”，哪里是“应”；“呼”后要停，“应”时要连。例如：

开始还伴着一阵儿小雨，不久/就只见^大片大片的雪花，︶从彤云密布的天空中/飘落下来。（选自《第一场雪》）

这句话中，“只见”是“呼”，“大片大片的雪花，从彤云密布的天空中飘落下来”是“应”，所以在“只见”后面的停顿时间要稍长些。同时，为了突出这一呼应关系，“从彤云密布的天空中”前面虽是逗号，朗读时也要缩短停顿，连起来读。

三、并列性停连

并列性停连是为了表示词或短语间的并列关系而安排的停顿和连接。这些词或短语具有同等位置、同等关系、同等样式。例如：

1. 没有/一片绿叶，没有/一缕炊烟，没有/一粒泥土，没有/一丝花香，只有/水的世界，云的海洋。（选自《可爱的小鸟》）

2. 用它/搭过帐篷，用它/打过梭标，用它/当罐盛过水，︶当碗蒸过饭，用它/做过扁担与吹火筒。（选自《井冈翠竹》）

例1中4个“没有”和一个“只有”并列，应分别在它们的后面停连。这样，就能揭示它们的并列关系，使语意变得清晰明确。例2有4个并列短句，可以在“用它”之后略一停顿，显示出它的并列感。其中第三个短句“用它/当罐盛过水，当碗蒸过饭”，中间要连起来，不能按标点停顿，否则就形成了5个短句，使句意散乱。

四、分合性停连

在并列关系之前，往往有领属性词语，并列关系之后，往往有总括性词语，我们会采用先总说后分说，或者先分说后总说，或者先总说再分说最后总说的方法，这就是分合性停连。注意在领属关系之后或总括性词语之前都有较长停顿，时间长于并列关系之间的停顿。例如：

1. 郊外的景色真美啊！^湛蓝的天空，像一池倒映的湖水；清新的空气，似醇酒的芳香，^令人心旷神怡。（选自《爱痕》）

2. 这些石狮子，^有的母子相抱，︶有的交头接耳，︶有的像倾听水声，^千姿百态，惟妙惟肖。（选自《中国石拱桥》）

五、强调性停连

强调性停连是指为了强调某种感情或突出某句话、某个词语，在需强调的内容前、后分别或同时停顿，那些不强调的成分停顿时间缩短，甚至连接。例如：

1. 这是入冬以来，胶东半岛上／第一场雪。（选自《第一场雪》）

2. 马路旁的人行道比马路要整整高出／一个台阶，而他简直还没满／一周岁。（选自《第一次》）

3. 花生做的食品都吃完了，^父亲的话／却深深地／印在／我的心上。（选自《落花生》）

例 1 中“第一场雪”之前的停顿，突出强调了这场雪的非同寻常，表达了作者的喜爱之情。例 2 中突出强调的是“一个台阶”和“一周岁”，使二者形成一种反差对比。例 3 则通过强调性停顿说明了父亲的话对“我”的影响之深。

六、转换性停连

当语意发生转折，由一个意思变成另一个意思，或由一种感情变成另一种感情时，需安排停连，表示转换，这就是转换性停连。转换性停连常常在书面语言中表示转折关系的关联词（如“可是”“但是”“然而”“不过”等）后面安排一个较短的停连，来突出语意和感情的转换，使表达的内容有起有伏。例如：

1. 蜜蜂是画家的爱物，我却／总不大喜欢。（选自《荔枝蜜》）

2. 走在前面的部队断粮了还可以挖野菜吃，走在后面的部队则／连野菜也吃不上了。（选自《彭德怀和他的大黑骡子》）

标点符号与停连

标点符号是书面语的重要组成部分，在朗读中则用停连来表示，其停连时间的长短一般由标点的类型决定。

标点符号表示的停连时间，一般可以分为四级：句号（两拍）、问号（两拍）、感叹号（一拍至两拍）>分号（一拍半）、冒号（一拍半）

>逗号（一拍）>顿号（半拍）。

标点符号中的破折号、省略号、连接号、括号也有表示停连的作用。破折号、省略号的停连时间依句子的具体情况而定，一般为一拍、两拍和三拍。连接号和括号的停顿时间为一拍。

我们应该认识到标点符号绝不是确定停连的依据，实际朗读中，停连的处理应该而且必须比标点符号更细致、更灵活。是停是连，要由表达作品（词句）的逻辑、意义、感情、预期的细微差异来决定，这就需要朗读者朗读作品时细细体味、吃透作品。

任务训练

一、给下列句子标记停连符号，并判断出是何种停连形式。

1. 过草地是红军长征途中最为艰苦的一段历程。红军指战员在饥寒交迫的情况下向北挺进。

2. 天空像洗过一样干净，只剩下一个笑眯眯的太阳和一片水汪汪的蓝天。

3. 有的像大冬瓜那样傻傻地横着，有的像花儿那样美美地开着。

4. 我国这一园林艺术的瑰宝、建筑艺术的精华就这样化成了一片灰烬。

二、根据画出的标记，朗读下文，体会声音的停连。

你是人间的四月天

——一句爱的赞颂

林徽因

我说/你是/人间的四月天，
笑响/点亮了四面风，轻灵/
在春的光艳中/交舞着/变。

你是/四月早天里的/云烟，
黄昏吹着/风的软，星子/在‿
无意中/闪，细雨/点洒在/花前。

那轻，那娉婷，/你是，^鲜妍‿

百花的冠冕 / 你戴着，你是︶
天真，庄严，/ 你是 / 夜夜的 / 月圆。

雪化后那片鹅黄，/ 你像；^新鲜︶
初放芽的绿，/ 你是；^柔嫩喜悦︶
水光浮动着 / 你梦期待中的 ^ 白莲。

你是一树一树的花开，^是燕 /
在梁间呢喃——^你是爱，︶是暖，︶
是希望，^你是 / 人间的四月天！

三、给下面的小短文画出停连符号，并反复朗读，体会停连在文章中的妙处。

珍　珠　鸟

冯骥才

朗读示范

真好！朋友送我一对珍珠鸟。放在一个简易的竹条编成的笼子里，笼内还有一卷干草，那是小鸟儿舒适又温暖的巢。

有人说，这是一种怕人的鸟。

我把它挂在窗前。那儿还有一大盆异常茂盛的法国吊兰。我便用吊兰长长的、串生着小绿叶的垂蔓蒙盖在鸟笼上，它们就像躲进深幽的丛林一样安全；从中传出的笛儿般又细又亮的叫声，也就格外轻松自在了。

阳光从窗外射入，透过这里，吊兰那些无数指甲状的小叶，一半成了黑影，一半被照透，如同碧玉，斑斑驳驳，生意葱茏。小鸟的影子就在这中间隐约闪动，看不完整，有时连笼子也看不出，却见它们可爱的鲜红小嘴儿从绿叶中伸出来。

我很少扒开叶蔓瞧它们，它们便渐渐敢伸出小脑袋瞅瞅我。我们就这样一点点熟悉了。

三个月后，那一团越发繁茂的绿蔓里边，发出一种尖细又娇嫩的鸣叫。我猜到，是它们有了雏儿。我呢？决不掀开叶片往里看，连添食加水时也不睁大好奇的眼睛去惊动它们。过不多久，忽然有一个小脑袋从叶间探出来。哟，雏儿！正是这小家伙！

它很小，就能轻易地由笼子里钻出身。瞧！多么像它的父母：红嘴红脚，灰蓝色的毛，只是后背还没生出珍珠似的圆圆的白点；它好肥，整个身子好像一个蓬松的球儿。

起先，这小家伙只在笼子四周活动，随后就在屋里飞来飞去，一会儿落在柜顶上，一会儿神气十足地站在书架上，啄着书背上那些大文豪的名字，一会儿把灯绳撞得来回摇动，跟着又跳到画框上去了。只要大鸟儿在笼子里一叫，它立即飞回笼里去。

我不管它。这样久了，打开窗子，它最多只在窗框上站一会儿，决不飞出去，可乖了。

渐渐地它胆子大了，就落在我的书桌上。

它先是离我较远，见我不去伤害它，便一点点挨近，然后蹦到我的杯子上，俯下头来喝茶，再偏过脸瞧瞧我的反应。我只是微微一笑，依旧写东西，它就放开胆子跑到稿纸上，绕着我的笔尖蹦来蹦去；跳动的小红爪子在纸上发出“嚓嚓”的响声。

我不动声色地写，默默享受着这小家伙亲近的情意。这样，它完全放心了，索性用那涂了蜡似的小红嘴，“嗒嗒”啄着我颤动的笔尖。我用手抚一抚它细腻的绒毛，它也不怕，反而很友好地啄两下我的手指。

白天，它这样淘气地陪伴我；天色入暮，它就在父母的再三呼唤声中，飞向笼子，扭动滚圆的身子，挤开那些绿叶钻进去。

有一天，我伏案写作时，它居然落到我的肩上。我手中的笔不觉停了，生怕惊跑它。待一会儿，扭头看，这小家伙竟趴在我的肩头睡着了，银灰色的眼睑盖住了眸子，小红脚刚好给胸脯上长长的绒毛盖住。我轻轻一抬肩，它没醒，睡得好熟！还咂咂嘴，难道在做梦？

我笔尖一动，流泻下一时的感受：信赖，往往创造出美好的境界。

任务三

掌握朗读的基本技巧——重音

任务情境

在朗读教学中，一位语文教师多次和不同年级的同学做同一个“游戏”：出示“这是我的书”，要求学生读出；再连续出三个问题，要求学生只能用“这是我的书”作答，不准加字或减字。这三个问题分别是：“这是谁的书？”“这是不是你的书？”“这是你的什么？”结果当然不意外，当学生不用于对具体问题的作答，只是孤立地读出时，其实听不出“这是我的书”到底在说什么；当学生用于回答所提出的问题，分别强调出“我”“是”“书”时，句意才非常明确。

情境中的句子“这是我的书”，强调不同的字词的时候，语意也不同。朗读时能否恰当地运用重音，关系到能否准确、生动地表现出作品的主题或目的。

知识支撑

朗读时为了实现语句目的、表达思想感情需要而强调的词或短语，叫作重音。在文章中，常常在字的下面加点“·”表示重音。重音可分为以下六种类型。

一、并列性重音

并列性重音，强调的是作品中词或短语的并列关系。例如：

1. 荆江告急！武汉告急！九江告急！……在这万分危急的关头，几十万解放军官兵日夜兼程，朝着大江挺进。（选自《大江保卫战》）

2. 漓江的水真静啊……漓江的水真清啊……漓江的水真绿啊……（选自《桂林山水》）

二、对比性重音

对比性重音，主要是为了凸显两个语义相对或相反的词或短语，从而起到强化对比观点、深化对比态度、渲染对比气氛等作用。例如：

1. 我可以好好地使用它，也可以白白地糟蹋它。一切全由自己决定，我必须对自己负责。（选自《生命》）

2. 世界上的任何东西，不管是大是小，是多是少，是贵是贱，都各有各的用处，不要随便就浪费了。（选自《万物皆有所用》）

三、呼应性重音

呼，引发注意；应，有了着落。呼应性重音最常见的是问答式。例如：

1. “什么是永远不会回来呢？”我问着。“所有时间里的事物，都永远不会回来……”（选自《追赶太阳》）

2. 我拉住她问：“你的家远吗？”她指着窗外说：“在山窝那棵大黄果树下面，一下子就走到了。”（选自《小桔灯》）

四、递进性重音

体现递进关系的重音能揭示语言链条的承继性，后一个重音比前一个重音揭示更深一层的含义。一般在递进复句、条件复句、假设复句、反问句等句子中运用，常见的关联词有“不但……而且（还）……”“只有……就……”“……也……”“……

又……呢？”等。例如：

1. 天上风筝渐渐多了，地上孩子也多了。城里乡下，家家户户、老老小小，也赶趟似的，一个个都出来了。（选自《春》）

2. 他除了寄支票外，还寄过一封短柬给我……（选自《父亲的爱》）

五、转折性重音

转折性重音，常用在表示前后语意发生转折的词语上，揭示相反方向的变化。例如：

1. 在纽约有许多百万富翁，但也有不少贫困的家庭。（选自《课不能停》）

2. 所以你们要像花生，它虽然不好看，可是很有用，不是外表好看而没有实用的东西。（选自《落花生》）

六、强调性重音

强调性重音没有固定的规律，而要根据语言环境和说话人所要表达的语意或情感来确定。同样一句话，如果离开上下文或某种语境，强调性重音可以有很多的位置。例如：

1. 我知道你会唱歌。（不用问别人）

2. 我知道你会唱歌。（你不要瞒我了）

3. 我知道你会唱歌。（不是别人）

4. 我知道你会唱歌。（你怎么说不会）

5. 我知道你会唱歌。（别的会不会我不知道）

知识链接

重音的表达方式

在朗读时，我们可以通过声音的强弱变化、高低变化、虚实变化以及语速的快慢、停顿等变化来体现重音，这样才能使重音更加鲜明起来，实现表达目的。常见的重音表现方式有重读、慢读、轻读、停顿。

1. 重读

重读是利用声音的强弱变化对比来突出重音的一种方法，一般用来表达明朗的态度、观点以及形象鲜明的事物。例如：

这棵榕树好像在把它的全部生命力展示给我们看。（选自《鸟的天堂》）

2. 慢读

慢读就是通过有意延长重音音节来达到强调的目的。例如：

大雪整整下了一夜。（选自《第一场雪》）

3. 轻读

轻读是在朗读文学作品时，有时为了表达更为细腻的情感，或渲染某种特定的语境及场景，把确定为重音的词或短语的声音压得低于非重音，有力地轻轻吐出，听来轻柔深挚，真切感人，回味无穷。例如：

她是从小河走向那个世界的，那轻轻的流水声多像母亲温柔的语声，那缓缓拍打堤岸的河沙，多像母亲温柔的手。（选自《小河》）

4. 停顿

朗读时在重音词的前或后作停顿，也是突出重音的一种常用方法。例如：

他静静地躺在灵车里，越去越远，和我们/永别了！（选自《十里长街送总理》）

任务训练

一、给下列句子标记重音符号，并判断出是何种重音形式。

1. 对敌人要狠，对朋友要和。

2. 月光如流水一般，静静地泻在这一片叶子和花上。

3. 在雨的哀曲里，消了她的颜色，散了她的芬芳。

4. 天冷极了，下着雪，又快黑了。这是一年的最后一天——大年夜。在这又冷又黑的晚上，一个光着头赤着脚的小女孩在街上走着。

二、根据标注朗读下文，注意体会重音的运用及其强调作用。

色　彩

闻一多

朗读示范

生命是张没价值的白纸，
自从绿给了我发展，
红给了我热情，
黄教我以忠义，
蓝教我以高洁，
粉红赐我以希望，
灰白赠我以悲哀；
再完成这帧彩图，
黑还要加我以死。
从此以后，
我便溺爱于我的生命，
因为我爱他的色彩。

三、根据自己的理解给下面的小短文画出重音符号，并反复朗读，体会重音在文中的作用。

北京的春节（节选）

老舍

照北京的老规矩，春节差不多在腊月的初旬就开始了。“腊七腊八，冻死寒鸦”，这是一年里最冷的时候。在腊八这天，家家都熬腊八粥。粥是用各种米、各种豆，与各种干果熬成的。这不是粥，而是小型的农业展览会。

除此之外，这一天还要泡腊八蒜。把蒜瓣放进醋里，封起来，为过年吃饺子用。到年底，蒜泡得色如翡翠，醋也有了些辣味，色味双美，使人忍不住要多吃几个饺子。在北京，过年时，家家吃饺子。

孩子们准备过年，第一件大事就是买杂拌儿，这是用花生、胶枣、榛子、栗子等干果与蜜饯掺和成的，孩子们喜欢吃这些零七八碎儿。第二件大事是买爆竹，特别是男孩子们。恐怕第三件事才是买各种玩意儿——风筝、空竹、口琴等。

孩子们欢喜，大人们也忙乱。他们必须预备过年吃的、喝的、穿的、用的，好在新年时显出万象更新的气象。

腊月二十三过小年，差不多就是过春节的“彩排”。天一擦黑儿，鞭炮响起来，便有了过年的味道。这一天，是要吃糖的，街上早有好多卖麦芽糖与江米糖的，糖形或为长方块或为瓜形，又甜又黏，小孩子们最喜欢。

过了二十三，大家更忙。必须大扫除一次，还要把肉、鸡、鱼、青菜、年糕什么的都预备充足——店铺多数正月初一到初五关门，到正月初六才开张。

任务四

掌握朗读的基本技巧——语气

任务情境

课堂上，教师要求学生朗读《稻草人》（叶圣陶）中的一段话：“稻草人看见主人就要走了，急得不得了，连忙摇动扇子，想靠着这急迫的声音把主人留住。”学生们开始朗读起来，此起彼伏的声音响遍教室，为了让学生读得更准确，教师提示：“这段话是稻草人看到小飞蛾在稻子上产卵破坏稻子生长而主人没有发现时的状态，感情是急切的，气息是紧迫的，声音是急促的，表现出稻草人的担心和忧虑。”

情境中教师的提示指出作品中的语句总是要表达一定的思想感情，总是带有某种感情色彩的，这就需要用不同的语气来体现。语气是各种情绪的表达，语气的强弱、长短、清浊、卑亢等变化，均能产生不同的声音效果。

知识支撑

语气就是说话的口气，是指在朗读过程中能够表达朗读者感情和态度的音调。正所谓爱则气徐声柔，憎则气旺声硬，喜则气满声扬，悲则气沉声抑，怒则气粗声重，惊则气提声颤等。

朗读时，传达各种语气的具体语音表现形式叫语势，它表明语流中语音形式的状态和趋向，简言之就是句调的抑扬变化。句子的语气可分为以下六种基本类型。

一、波峰类

一种先升后降的调子，形如水波，中间凸起。这类语气多用于表示惊讶、厌恶、迟疑等。例如：

1. 啊？狐狸大婶，你的脸为什么变得这样可怕？

2. 愚蠢的企鹅，畏缩地把肥胖的身体躲藏到峭壁底下。（选自《海燕》）

二、波谷类

一种先降后升的调子，形如水波，中间凹陷。这类语气多用于表示讽刺、含蓄的语气。例如：

1. 为了革命，他被这可恶的草地夺去了生命。（选自《草地夜行》）

2. 噢！金子，是真金子，足有两斤重！（选自《欧也妮·葛朗台》）

三、上山类

语句的句首较低，而后逐渐上行，句尾最高，呈上升势。全句的语势变化是层层突起，逐渐升高，这类语气多用于表示愤怒、紧张、警告、号召等。例如：

1. 只要我们不怕死，自由是永远不会消失的。（选自《要为自由而战》）

2. 犯得着在大人都无须上班的时候让孩子去学校吗？（选自《课不能停》）

四、下山类

语句的句首较高，而后顺势下行，句尾最低，呈现收势。全句的语势变化是逐步下行、曲折变化的，情感渐趋平稳。这类语气多用于表示坚决、肯定等。例如：

1. 为什么我的眼里常含泪水？因为我对这土地爱得深沉。（选自《我爱这土地》）

2. 可以在这儿建大楼盖商厦，但一不准砍树，二不准挪树，必须把它原地精心养起来，成为香港闹市中的一景。（选自《香港：最贵的一棵树》）

五、半起类

语句的句首稍低，中间稍高或又有曲折，句尾气提声止，却又不在最高点上，只起来了一半，气息却未送完，在心理和情感上产生期待的意味。例如：

1. 蜂鸟说："猫大夫，请你告诉我，我为什么长不大？"

2. 你猜我是谁？

六、平直类

一种平稳无明显曲折的调子，形同水平，保持平直。这类语气多用于陈述句，用来说明意见，叙述事实，表示庄严、悲痛、沉重等语气。例如：

1. 台湾岛地处热带和温带之间，四面环海，雨水充足。（选自《中国的宝岛——台湾》）

2. 在我依稀记事的时候，家中很穷，一个月难得吃上一次鱼肉。（选自《妈妈喜欢吃鱼头》）

知识链接

我们还可以从语句表情达意内容的角度，将语气划分为表意语气、表情语气和表态语气三个种类。

1. 表意语气

通过这种语气，向听众表达自己的某种意思。句子中通常有相应的语气词，它或独立成小句，或用于小句末尾，或用于整个句子的末尾。例如：

对此，你的意见如何呢？（反问）

你不要一意孤行、执迷不悟啊。（提醒）

排长，敌人上来了，打吧。（催促）

您把那本书借给我看几天吧。（请求）

站住！（命令）

你上哪？（询问）

你昨天怎么旷课啊？（责备）

2. 表情语气

通过这种语气，向听众表达自己的某种情感。句子中通常也有相应的语气词。例如：

哎呀，这下子可好了。（喜悦）

日本鬼子真是坏透了。（愤恨）

他这位才华横溢的作家死得太早了。（叹息）

这一仗打得真漂亮啊！（赞叹）

哦！我终于弄明白了。（醒悟）

呸！你这个无耻的叛徒！（鄙视）

3. 表态语气

通过这种语气，向听众表达自己的某种态度。句子中有时也用语气词。

他确实尽了最大的努力。（肯定）

这件事恐怕难以办到。（不肯定）

我不希望看到那样的结果。（委婉）

你认为这样做行吗？（商量）

这种意见是错误的。（否定）

此外，从表达方式来说，又有叙述、描写、抒情、议论、说明等不同的方式，它们各自的语气也不一样。还有，从所表达的内容和其中蕴含的表达者的思想感情来说，更是千差万别，因而所用语气的平转急缓、张弛高低也各不相同，变化万千。

任务训练

一、认真朗读下列句子，并判断出是何种语气形式。

1. 多一点儿，再多一点儿喜悦吧。

2. “是的，一切都那么美好，我为什么不高兴呢？”

3. 老师天天笑眯眯地看着我说：“你一点儿也不笨。”

4. 唉！我可怜的玛蒂尔德！可是我那一挂是假的，至多值500法郎！

二、朗读下面的故事片段，体会不同角色的语气运用。

朗读示范

没有牙齿的大老虎（节选）

冰子

在大森林里，没有哪只动物不知道大老虎的牙齿的厉害。

小猴子伸伸舌头说："哎呀，太厉害了！比柱子还粗的树，大老虎只要用尖牙齿一啃就断了，真吓人呀！"

"大老虎嚼起铁条来，就跟吃面条一样……"小兔说着，害怕得缩起了脑袋。

可小狐狸却说："你们怕大老虎的牙齿，我就不怕！我还要把他的牙齿全拔下来呢！"

哈哈哈，动物们都笑了起来，谁也不相信小狐狸的话。"吹牛！吹牛！"小猴和小兔一个劲地笑小狐狸。

"不信，你们就等着瞧吧！"小狐狸把胸脯拍得咚咚响，向动物们招了招手，就动身找大老虎去了。

小狐狸去找大老虎，还带了一大包礼物。他说："啊，尊敬的大王，我给您带来了世界上最好吃的东西——糖！"

糖，糖是什么东西？大老虎不要说见过，就是连听也没听说过。看着狐狸带来的一大包糖，大老虎拿起一块奶油糖放在嘴里尝了一下。啊哈，甜丝丝的，真好吃！

三、根据自己的理解，朗读下文，注意把握语调和语气。

囚　歌

叶挺

为人进出的门紧锁着，（冷眼相看）
为狗爬出的洞敞开着，
一个声音高叫着：（嘲讽）
爬出来吧，给你自由！（诱惑）
我渴望自由，（庄严）
但我深深地知道——

人的身躯怎能从狗洞子里爬出！（蔑视、愤慨、反击）
我希望有一天，
地下的烈火，
将我连这活棺材一齐烧掉,（毫不犹豫）
我应该在烈火与热血中得到永生！（沉着、坚毅、充满自信）

任务五

掌握朗读的基本技巧——节奏

任务情境

幼儿园主题活动《认识鱼》，教师这样引入："老师今天钓了许多鱼，现在老师把鱼缸搬到你们面前，让你们看仔细一些，你们看鱼在干什么？小鱼水里游来游去，小朋友们，请你们看看它身上有些什么，大家仔细看，看清楚了就说给大家听听……"

上面一段话是教师关于"认识鱼"这一主题活动的导入语，课堂上教师用舒缓、轻快的语言很快就吸引了学生的注意力，很好地掌控了课堂，这就是节奏的魅力，朗读时带有规律性的变化，就是节奏。

知识支撑

节奏是由作品生发出来的，带有朗读者一定思想感情的抑扬顿挫、轻重缓急声音形式的回环往复。我国古代《礼记· 乐记》中就有"文采节奏，声之饰也"的说法。

朗读要有节奏，该快的时候快，该慢的时候慢，该起的时候起，该落的时候落，这样有快慢、起伏、轻重，就会形成语言的乐感，悦耳动听。节奏与语速有关系，但不是一回事，语速只表示说话的快慢，节奏还包括起伏、强弱，是一种有秩序的、有规律的、协调的变化过程。

节奏的类型丰富多彩，根据具体的朗读情况进行相应变化。需要注意的是，在一篇作品中，节奏往往以一种类型为主，其他类型渗透其中。目前，节奏主要有以下六种类型。

一、轻快型

这种节奏语速较快，多上升语势，语调轻快、跳动。例如：

1. 柳条儿青，柳条儿长，柳条儿随风在摇荡，摇来了春天，摇来了小鸟，摇得那湖水闪闪亮。柳条儿青，柳条儿长，柳条儿随风在摇荡，我做支竹笛吹起来，嘀呖呖像小鸟儿在歌唱。柳条儿青，柳条儿长，柳条儿随风在摇荡，请来春姑娘荡秋千，秋千挂在柳条儿上。（选自《柳条儿》）

2. 我爱看天上的一片云，那片白白的、会变的云。瞧它一会儿变成只小黄狗，摇着尾巴，追着太阳跑；一会儿变成只小灰羊，在草原上撒欢儿跳高。（选自《火烧云》）

二、凝重型

这种节奏语势比较平稳，音强且有力，语调多抑少扬，顿挫较多，且时间较长，语速偏慢。例如：

1. 真的猛士，敢于直面惨淡的人生，敢于正视淋漓的鲜血。这是怎样的哀痛者和幸福者？然而造化又常常为庸人设计，以时间的流逝，来洗涤旧迹，仅使留下淡红的血色和微漠的悲哀。在这淡红的血色和微漠的悲哀中，又给人暂得偷生，维持着这似人非人的世界。我不知道这样的世界何时是一个尽头！（选自《纪念刘和珍君》）

2. 理想是罗盘，给船舶导引方向；理想是船舶，载着你出海远行。但理想有时又是海天相吻的弧线，可望不可及，折磨着你那进取的心。理想使你微笑地观察着生活；理想使你倔强地反抗着命运。理想使你忘却鬓发早白；理想使你头白仍然天真。（选自《理想》）

三、低沉型

这种节奏语速较慢，语调多抑，句尾沉重，语流沉缓。例如：

1. 葬我于高山之上兮，望我大陆；大陆不可见兮，只有痛哭。葬我于高山之上兮，望我故乡；故乡不可见兮，永不能忘。天苍苍，野茫茫；山之上，国有殇。（选自《望大陆》）

2. 月牙儿，像把梳子挂在半空。人们都说月亮是最为善良、最好伤心和最易受感动的姑娘。谁有什么不幸的哀愁，她总是怜悯地注视着你，有时还会流下泪来！想必她这时候是不忍心去看那不幸的人们吧？所以才掩住半个脸；但她那朦胧的淡光，还是同情地从窗棂间射进来。黑暗的屋子，也变得灰白起来。（选自《月牙儿》）

四、高亢型

这种节奏语速偏快，语势多为上山类，声多明亮高昂，多扬少抑，声音强劲而有力。例如：

1. 当你在积雪初融的高原上走过，看见平坦的大地上傲然挺立这么一株或一排白杨树，难道你就只觉得它只是树？难道你就不想到它的朴质，严肃，坚强不屈，至少也象征了北方的农民？难道你竟一点也不联想到，在敌后的广大土地上，到处有坚强不屈，就像这白杨树一样傲然挺立的守卫他们家乡的哨兵？（选自《白杨礼赞》）

2. 在苍茫的大海上，狂风卷集着乌云。在乌云和大海之间，海燕像黑色的闪电，在高傲地飞翔。一会儿翅膀碰着波浪，一会儿箭一般地直冲向乌云，它叫喊着，——就在这鸟儿勇敢的叫喊声里，乌云听出了欢乐。在这叫喊声里——充满着对暴风雨的渴望！在这叫喊声里，乌云听出了愤怒的力量、热情的火焰和胜利的信心。（选自《海燕》）

五、舒缓型

这种节奏语速较缓，语势多为上山类，声音轻松明朗，轻柔而不着力。例如：

1. 那水呢，不但不结冰，反倒在绿藻上冒着点热气。水藻真绿，把终年贮蓄的绿色全拿出来了。天儿越晴，水藻越绿，就凭这些绿的精神，水也不忍得冻上；况且那长枝的垂柳还要在水里照个影儿呢。看吧，由澄清的河水慢慢往上看吧，空中，半空中，天上，自上而下全是那么清亮，那么蓝汪汪的，整个的是块空灵的蓝水晶。这块水晶里，包着红屋顶，黄草山，像地毯上的小团花的小灰色树影；这就是冬天的济南。（选自《济南的冬天》）

2. 曲曲折折的荷塘上面，弥望的是田田的叶子。叶子出水很高，像亭亭的舞女的裙。层层的叶子中间，零星地点缀着些白花，有袅娜地开着的，有羞涩地打着朵儿的；正如一粒粒的明珠，又如碧天里的星星，又如刚出浴的美人。微风过处，送来缕缕清香，仿佛远处高楼上渺茫的歌声似的。这时候叶子与花也有一丝的颤动，像闪电般，霎时传过荷塘的那边去了。叶子本是肩并肩密密地挨着，这便宛然有了一道凝碧的波痕。叶子底下是脉脉的流水，遮住了，不能见一些颜色；而叶子却更见风致了。（选自《荷塘月色》）

六、紧张型

这种节奏语速较快，多扬少抑，多重少轻，声音短暂急促。例如：

1. 我的狗慢慢向它靠近。忽然，从附近一棵树上飞下一只黑胸脯的老麻雀，像一颗石子似的落到狗的跟前。老麻雀全身倒竖着羽毛，惊恐万状，发出绝望、凄惨的叫声，接着向露出牙齿、大张着的狗嘴扑去。（选自《小麻雀》）

2. 你们杀死一个李公朴，会有千百万个李公朴站起来！你们将失去千百万的人民！你们看着我们人少，没有力量？告诉你们，我们的力量大得很，强得很！看今天来的这些人，都是我们的人，都是我们的力量！此外还有广大的市民！我们有这个信心：人民的力量是要胜利的，真理是永远存在的。（选自《最后一次演讲》）

任务训练

一、按照括号内的提示朗读下列语段。

1. 大海上一片寂静。在我们的脚下，波浪轻轻吻着岩石，像朦胧欲睡似的。在平静的深黯的海面上，月光辟开了一款狭长的明亮的云汀，闪闪地颤动着，银鳞一般。（选自《听潮》）（舒缓型）

2. 啊！蜕变的桥，传递了家乡进步的消息，透露了家乡富裕的声音。时代的春风，美好的追求，我蓦地记起儿时唱给小桥的歌，哦，明艳艳的太阳照耀了，芳香甜蜜的花果捧来了，五彩斑斓的岁月拉开了。（选自《家乡的桥》）（轻快型）

3. “可是，祖母，你怎么有这么吓人的一张大嘴啊！”

“为了更利索地吃掉你。”

话音刚落，狼一下子从床上蹿起来，把小红帽狼吞虎咽地吃了下去。（选自《小红帽》）（紧张型）

二、仔细朗读下列诗歌，体会节奏的变化。

江 南 春

［唐］杜牧

千里 / 莺啼 / 绿映红，水村 / 山郭 / 酒旗风。
南朝 / 四百 / 八十寺，多少 / 楼台 / 烟雨中。

晓出净慈寺送林子方

［宋］杨万里

毕竟 / 西湖 / 六月中，风光 / 不与 / 四时同。
接天 / 莲叶 / 无穷碧，映日 / 荷花 / 别样红。

山 居 秋 暝

［唐］王维

空山 / 新雨后，天气 / 晚来秋。
明月 / 松间照，清泉 / 石上流。
竹喧 / 归浣女，莲动 / 下渔舟。
随意 / 春芳歇，王孙 / 自可留。

元 日

［宋］王安石

爆竹 / 声中 / 一岁除，春风 / 送暖 / 入屠苏。
千门 / 万户 / 曈曈日，总把 / 新桃 / 换旧符。

三、朗读童话故事《春雨的色彩》，注意节奏的转换形态。

朗读示范

春雨的色彩

楼飞甫

春雨，像春姑娘纺出的线，轻轻地落到地上，沙沙沙，沙沙沙……

田野里，一群小鸟正在争论一个有趣的问题：春雨到底是什么颜色的？

小燕子说："春雨是绿色的。你们瞧，春雨落到草地上，草就绿了。春雨淋在柳树上，柳枝也绿了。"

麻雀说："不对，春雨是红色的。你们瞧，春雨洒在桃树上，桃花红了。春雨滴在杜鹃丛中，杜鹃花也红了。"

小黄莺说："不对，不对，春雨是黄色的。你们看，春雨落在油菜地里，油菜花黄了。春雨落在蒲公英上，蒲公英花也黄了。"

春雨听了大家的争论，下得更欢了，沙沙沙，沙沙沙……

任务六

掌握不同体裁作品的朗读方法

任务情境

课堂上，教师事先选定诗歌、散文、故事等不同文体的朗读材料，采用抽签的方式要求学生在备选作品中抽取材料进行朗读比赛，不给学生事先准备时间。然后教师根据每个学生的朗读表现进行点评，引导学生体味其语言风格的差异和感情色彩的内在变化。

情境中的教师之所以这样做是因为作品体裁不同，其内容和结构也不尽相同，朗读的方法与技巧也有区别，需要根据作品特点调整语调、语速和情感表达。

知识支撑

在朗读时，要考虑作品的文体特点，采用相适宜的朗读方法。朗读记叙性作品时，应着重熟悉情节与人物性格；朗读抒情性作品时，应着重熟悉其抒情线索和感情格调；朗读说明性作品，要抓住说明次序和说明方法；朗读议论性作品，要重点抓住中心论点和各分论点，明确论据和论证方法。

一、记叙性作品的朗读

记叙性作品往往以一个或几个事件的经过贯穿全文，而人物又多是事件的主体。朗读时，首先要注意通过各种朗读技巧，表现出不同人物的个性，尤其要读好人物的语言，符合人物的地位、身份、年龄、性格等。例如《落花生》一文中，出现的人物有母亲、父亲和孩子们，不同的人物朗读时要做不同的处理。在读母亲的话时，声音可以低一些，语速慢一些，语气柔和，表现出母亲对孩子们态度的亲切、和蔼；而在读父亲的话时，除了语速稍慢一些外，更应注意停顿适当多一些，侧重于给人以理解、回味的时间，语气应是亲切的、循循善诱的，并略带庄重、严肃；在读姐姐、哥哥和“我”的话时，则要表现出孩子说话的特点：音调高、语速快。

其次，朗读时还要注意把人物的语言和叙述、描写等部分区别开来。一般情况，叙述、描写部分的声音可以低一些，而人物对话部分的声音要高一些，突出一些。但要注意，朗读叙述、描写部分时，不能喧宾夺主，但也要避免过于平淡，应根据具体内容、具体情况运用语气、停连等技巧表现作品的思想。

最后，朗读时要体现出事件发展的阶段性，注意内容层次之间的转换要自然。

二、抒情性作品的朗读

抒情性作品主要包括抒情诗和抒情散文。朗读这类作品时，首先要把握住情感基调，是高亢的、低沉的、哀婉的，还是缠绵的等，然后再恰当地综合运用朗读技巧，便能达到较好的朗读效果。

朗读抒情性作品时还要注意区别对待直接抒情和间接抒情。朗读作品中表示直接抒情的语句时，要特别注意强调，突出抒情对象。例如：

如今我离去了，小河被我远远地抛在故乡，可我永远地思念着你，小河。（选自《小河》）

这句话作者直接表达了对小河、对故乡的思念和眷恋，在朗读时，要恰当运用重音、语调、停连来体现。

朗读作品中的间接抒情，就是通过叙事、写景、状物或议论来表达思想感情时，需要朗读者在深入理解、感受作品的基础上，体会和表现字里行间蕴含的思想感情。例如：

春天，风送我上学校。我跑进去，它在外面等我。隔着窗户，我看到路旁的柳条绿了，门前的桃花红了。我知道，是风把它们打扮成这样。

夏天，风喜欢停在我的蝴蝶结上。它看见我冒的汗，就跑到很远的地方，带来雷鸣、闪电和暴雨。雨过天晴，我高兴地跑进凉爽、湿润的空气里，风忘了疲劳，愉快地跟在我的裙边。

秋天，风和我捉迷藏。它躲在树上，把树枝轻轻摇晃，我一下就能猜到风在哪儿！这时，风“沙啦，沙啦”地唱起歌。随着歌声，红色的叶子、黄色的叶子跳着有趣的“转圈舞”。

冬天到了。风长大了——嗓门儿大了，力气大了。它能卷起雪花到处飞，还能带着沙子往前跑。有时，天气冷极了，风怕我赖在被窝里不起床，就使劲儿地拍打窗户，“呜呜”地大声叫我。其实，我早就起床了。我告诉风：“放心吧！不管天气多冷，我都会按时到校的。因为，我也长大了……”（选自《风和我》）

这段文字虽然没有一句直接劝勉孩子或表达喜爱风的话，但它捕捉了风在孩子生活中所显示的价值，通过丰富的想象和巧妙的构思，以拟人化的手法，描写了富于儿童情趣的生动活泼的风的形象，使孩子在一幅幅优美的画面中领悟到：我也长大了，我也像风那样，为生活增添美的光彩，同时，间接表达了对风的喜爱之情。朗读时，注意语调要轻松，节奏轻快。

三、说明性作品的朗读

说明性作品的语言多平实，注重准确精当，缺乏引人入胜的情感因素和趣味性（文艺性说明文除外），因而在朗读时，要突出其客观性、逻辑性、科学性、准确性和简洁性，尤其是作品中关键性的词语、句子，要运用停连、重音加以突出强调。不要舍本逐末地把说明性作品朗读得像记叙性或抒情性作品那样饱含感情、抑扬顿挫或充满激情，这些本不是此类作品所强调的，也是无法在朗读过程中体现的。朗读时要根据作品内容确定朗读的方向和基调。例如：

地面上的水/被太阳晒着的时候，吸收了热，变成了水蒸气。^水蒸气/遇到冷，凝成了/无数小水滴，︶飘浮在空中，变成云。^云层里的小水滴/越聚越多，就变成雨或雪落下来。（选自《太阳》）

四、议论性作品的朗读

议论性作品主要由论点、论据和论证三要素构成。论点是全文的中心，体现作者的观点、见解或主张，故而朗读时为了突出强调，常采用重读、拖长音节的方法，同时语气要肯定，态度要鲜明。

议论性作品中也夹有叙述、描写、说明、抒情的文字，但这些文字都是为议论服务的，与论证的部分相比，地位次要，在朗读时要注意区分。朗读者应将朗读的重点放在句与句、段与段之间的严密的逻辑关系上，要深入理解、感受这种逻辑关系，并通过恰当运用停连、重音等技巧予以表现。例如：

人/总是要死的，但死的意义不同。中国古时候/有个文学家叫做司马迁的说过：人固有一死，或重于泰山，‿或轻于鸿毛。为人民利益而死，‿就比泰山还重；替法西斯卖力，‿替剥削人民和压迫人民的人去死，就比鸿毛还轻。张思德/同志是为人民利益而死的，他的死/是比泰山还要重的。（选自《为人民服务》）

首句提出观点——“死的意义不同”，第二、三句从两方面进一步具体说明死的价值、意义不同，第四句是结论：张思德同志的死是重于泰山的。

五、儿童文学作品的朗读

儿童文学是指专为儿童创作的，适合儿童年龄特点、审美要求和阅读欣赏水平，有利于儿童身心健康发展的各种文学作品。儿童文学特别要求通俗易懂，生动活泼。不但要求作品的主题明确突出，形象具体鲜明，结构单纯，语言浅显精练，情节有趣，想象丰富，还要使其内容、形式及表现手法都尽可能适合于不同年龄段少年儿童的生理心理特点，为他们所喜闻乐见。

按不同年龄阶段的读者对象，儿童文学又分为婴儿文学、幼年文学、童年文学和少年文学。儿童文学包括儿歌、儿童诗、童话、寓言、儿童故事、儿童小说、儿童散文、儿童曲艺、儿童戏剧、儿童影视和儿童科学文艺等。

在此以儿歌为例，因为保育师在日常教学中最常见的文学体裁就是儿歌，通过朗读儿歌或简单的故事（在后面的内容会详细讲到）来引导幼儿使用语言交流表达需求。

儿歌是儿童文学的一种，是根据儿童特点、欣赏趣味、理解能力和生活经验，以简洁生动的语言创作的口头短诗。

儿歌的内容十分浅显，易为幼儿所理解。儿歌或单纯集中地描摹、叙述事件，或于简单有趣的语言中表明普通的事理。篇幅简短、结构单一是儿歌的主要特点。儿歌常见的表达技巧有比喻、拟人、夸张、摹状、反复、设问等。例如：

走 山 路

钱德慈

早晨一片雾，
山里看不清路，
急坏了小猪、小鹿和小兔。
小兔领小猪，
小猪拉小鹿，
扯着藤，
扶着树，
一步一步走山路。
秋风婆婆来帮助，
呼——呼——
一下子吹散满天雾。

朗读时，要先找出儿歌与生活中事物的共同之处，然后把它们加以对照联系，产生丰富的联想。一方面可以加深对儿歌的理解，另一方面可以培养和提高自己的想象力。文中，通过“扯、扶、一步一步”生动传神的动词来体现小伙伴之间不离不弃、互相帮助的美好品质。

综上，朗读儿童文学作品时，要做到以下三点。

1. 体现儿童的口吻

儿童文学作品的朗读，要使用儿童的口吻，以唤起儿童新奇的情趣，使儿童的思维和情感顺利地进入情节中。

2. 把握作品的基调

朗读前必须深入分析、理解作品的思想内容，在此基础上，产生出真实的感情、鲜明的态度，产生出内在的、急于要表达的律动。

3. 语言形象传神，声音形式富于变化

强调人物的形象性和情节的连贯性、生动性。朗读时要尽量绘声绘色地读，从而感染和教育儿童。朗读时可以适当地把声音“化化妆”以加强表现力，朗读的音色因角色不同而有变化。

任务训练

拓展训练

一、认真朗读下列语段，增强对朗读技巧的感受。

1. 天上的云，真是姿态万千，变化无常。它们有的像羽毛，轻轻地飘在空中；有的像鱼鳞，一片片整整齐齐地排列着；有的像羊群，来来去去；有的像一床大棉被，严严实实地盖住了天空；还有的像峰峦，像河流，像雄狮，像奔马……（选自《看云识天气》）

2. 却见一个凸颧骨，薄嘴唇，五十岁上下的女人站在我面前，两手搭在髀间，没有系裙，张着两脚，正像一个画图仪器里细脚伶仃的圆规。人都叫伊“豆腐西施”。但是擦着白粉，颧骨没有这么高，嘴唇也没有这么薄，而且终日坐着，我也从没有见过这圆规式的姿势。（选自《故乡》）

3. 猴子们爬上了井旁边的大树。老猴子倒挂在树上，拉住大猴子的脚。大猴子也倒挂着，拉住另一只猴子的脚。猴子们就这样一只接一只，一直挂到井里头，小猴子挂在最下边。小猴子伸手去捞月亮。手刚碰到水，月亮就不见了。老猴子一抬头，看见月亮还在天上，他喘着气，说：“不用捞了，不用捞了，月亮好好地挂在天上呢！”（选自《捞月亮》）

二、按照提示朗读下文，体会不同文体材料的不同朗读风格。

挤　　油

刘宗礼

我上小学的时候，日子过得很苦。学校是一座小土庙，破破烂烂的，冬天里四面进风，学生们就常常冻了手脚。寒冷的早晨我们读着书，窗外亮亮的阳光一照，我们就急切地盼着下课了。铃声一响，学生们蜂拥而出，跑进干冷的阳光里，站在教室前，跺跺脚，脚暖了，就沿墙根一字排开，中间站个大个，两边人数相等，一齐往中间挤，咬牙，弓腿，喊号子，挤掉了帽子是顾不及捡的，绷断了线做的腰带，也只能硬撑着，一来二去，身体就暖和起来，甚至冒出汗来。这种游戏，我们叫“挤油”，天天要做的。

那时做教师的并不反对我们这一活动。记得教我们的数学老师，年龄不大，个头不小，冬天戴一顶油乎乎的破军帽，帽檐皱皱巴巴。他教我们学小数时，把 0.24 读成零点二十四，是过了一天又让我们读作 0.24 的。他常靠墙根一站，两手向自己一挥，“来”，学生们便一拥而上，好像总是挤不动他，上课铃一响，他猛地抽身而去，学生们便倒成一片。

语文老师是上了年纪的，姓余，面黑，不苟言笑，据说私塾底子厚实。他当然不挤油了，总是提前走进教室，写一些成语要我们抄、背，诸如“爱屋及乌”“入木三分”之类。开课前总先提问题，我们最怕的就是头十分钟，回答不出来，他就会拿眼瞪着你，半天说一句：“挤油的劲呢？站着！”

那时学生穿的小袄都是自家纺的棉布，粗糙，易坏，在凹凸不平的黄土墙上磨不多久，就会露出黑黄的棉絮，回家总少不了挨骂：“又在墙上磨痒痒了。”呵斥好像并没有减少了挤油的次数，孩子快乐起来的时候，什么都敢忘记。

这是我童年时代最有趣的游戏。

提示：《挤油》一文通过记叙“挤油”这种游戏，展示了“我”上小学的时候，日子虽然清苦，但却也有无尽的乐趣。全文的朗读语调不需要太大的起伏，基本上以舒缓为主，娓娓道出一个小故事。

文中有三个人物形象：“我”、数学老师、语文老师。他们的年龄、心理和言谈举止各异，朗读此文时应从语气、节奏等方面加以区别，恰如其分地塑造出三个不同的形象，同时也要分析各自然段的内在含义，理清故事发展和感情推进的脉络走向，使朗读具有整体感和艺术感染力。

春

朱自清

盼望着，盼望着，东风来了，春天的脚步近了。

一切都像刚睡醒的样子，欣欣然张开了眼。山朗润起来了，水涨起来了，太阳的脸红起来了。

小草偷偷地从土地里钻出来，嫩嫩的，绿绿的。园子里，田野里，瞧去，一大片一大片满是的。坐着，躺着，打两个滚，踢几脚球，赛几趟跑，捉几回迷藏。风轻悄悄的，草软绵绵的。

桃树，杏树，梨树，你不让我，我不让你，都开满了花赶趟儿。红的像火，粉的像霞，白的像雪。花里带着甜味；闭了眼，树上仿佛已经满是桃儿，杏儿，梨儿。花下成千成百的蜜蜂嗡嗡的闹着，大小的蝴蝶飞来飞去。野花遍地是：杂样儿，有名字的，没名字的，散在草丛里像眼睛像星星，还眨呀眨的。

“吹面不寒杨柳风”，不错的，像母亲的手抚摸着你，风里带着些新翻的泥土的气息，混着青草味儿，还有各种花的香，都在微微润湿的空气里酝酿。鸟儿将巢安在繁花嫩叶当中，高兴起来了，呼朋引伴地卖弄清脆的喉咙，唱出宛转的曲子，跟轻风流水应和着。牛背上牧童的短笛，这时候也成天嘹亮地响着。

雨是最寻常的，一下就是三两天。可别恼。看，像牛毛，像花针，像细丝，密密地斜织着，人家屋顶上全笼着一层薄烟。树叶却绿得发亮，小草也青得逼你的眼。傍晚时候，上灯了，一点点黄晕的光，烘托出一片安静而和平的夜。在乡下，小路上，石桥边，有撑着伞慢慢走着的人，地里还有工作的农民，披着蓑戴着笠。他们的房屋稀稀疏疏的，在雨里静默着。

天上风筝渐渐多了，地上孩子也多了。城里乡下，家家户户，老老小小，也赶趟儿似的，一个个都出来了。舒活舒活筋骨，抖擞抖擞精神，各做各的一份儿事去。“一年之计在于春”，刚起头儿，有的是功夫，有的是希望。

春天像刚落地的娃娃，从头到脚都是新的，它生长着。

春天像小姑娘，花枝招展的，笑着，走着。

春天像健壮的青年,有铁一般的胳膊和腰脚,领着我们上前去。

提示: 朱自清的《春》是一篇优美的散文,作者抓住了春天景物的主要特征,绘出了一幅幅动人的春景。文章处处充满着轻松、明快的气息,应带着欣喜的语气去朗读,语调上扬。整体节奏为轻快型,中间又有舒缓型交错,形成文章节奏回环往复的特点。

骄傲的孔雀

孔雀很美丽,可是很骄傲,只要看到谁长得漂亮,他就抖动羽毛,展开尾巴,炫耀自己的美丽。

有一天,孔雀昂着头,挺着胸脯,拖着美丽的长尾巴,沿着湖边散步。树上的花喜鹊很有礼貌地向他点头问好,他理也不理。

忽然,孔雀发现湖里有一只鸟,跟他一模一样,十分漂亮。他立刻停住脚步,展开尾巴,那美丽的尾巴抖动着,像一把五彩洒金的大扇子。谁知湖里的那只鸟也停住脚步,展开尾巴,那美丽的尾巴也抖动着,像一把五彩洒金的大扇子。

骄傲的孔雀有点生气了,他睁大了圆圆的眼睛,抖了抖头上的羽毛。湖里的那只鸟也睁大了圆圆的眼睛,抖了抖头上的羽毛。骄傲的孔雀可真生气了,他昂着头,挺着胸脯,向前迈了一大步,没想到一下子跌进湖里去了。

孔雀不会游泳,他在湖里挣扎了半天,好不容易抓住了一个树根,爬上岸来,他回头朝湖里看看,这回可高兴了,湖里的那只鸟,浑身湿淋淋的,还在发抖呢!

树上的花喜鹊咯咯地笑起来。孔雀看了花喜鹊一眼,不高兴地说:"丑喜鹊,你笑什么?"花喜鹊拍拍翅膀,说:"骄傲的孔雀,湖里的那只鸟就是你自己的影子啊!你骄傲得连自己也看不起了!"

提示:《骄傲的孔雀》是一篇寓言。第一段,"美丽""骄傲"要重读,同时要把握住"可是"的转折感,明确而适度地表达出朗读者的肯否褒贬。第二段,着意而适度地刻画孔雀的形象。"昂""挺""拖"是因为自恃"美丽",心中得意;"理也不理",是因为看不起,心中不眉。朗读时应注意重音与节奏之间的关系。第三段，开头“忽然”要读出急促感，不仅在于事出突然，更在于事情的不可思议——怎么会有和我孔雀“一模一样，也十分漂亮”的鸟呢！读来自然是由惊讶而渐生恼意。第四段，孔雀的恼意开始发泄了，朗读时语速渐快，多扬少抑。第五段，要特别注意语气的转换，“爬上岸来”前，要带嘲讽意味地描述孔雀的狼狈相，语速慢，同时以“他回头朝湖里看看”及其后的停顿为转换，要以孔雀的角度，读出几分幸灾乐祸，语速稍快。最后一段，不能脱离喜鹊的形象，朗读时要体现对其话的肯定、赞赏、支持，揭示寓意。

小弟和小猫

柯岩

我家有个小弟弟，
聪明又淘气。
每天爬高又爬低，
满头满脸都是泥。
妈妈叫他来洗澡，
装没听见他就跑。
爸爸拿镜子把他照，
他闭上眼睛格格地笑。
姐姐抱来个小花猫，
拍拍爪子舔舔毛。
两眼一眯：
“喵，喵，喵，
谁跟我玩？谁把我抱？”
弟弟伸出小黑手，
小猫连忙往后跳。
胡子一撅头一摇：
“不妙，不妙，
太脏太脏我不要！”

姐姐听见哈哈笑，
爸爸妈妈皱眉毛。
小弟听了真害臊：
“妈！妈！快快给我洗个澡。”

提示： 这是一首儿童诗。“满头满脸都是泥”的小弟不爱清洁，妈妈叫他洗澡他装作听不见，爸爸拿镜子照他时他又闭上眼睛咯咯地笑，大家都对这“聪明又淘气”的小弟无可奈何。小弟转变的动机是姐姐抱来了小花猫，而这个小花猫在作者的笔下成了既有人的思想又有人的语言的家庭一员，以它的爱清洁与小弟的不爱清洁作对比，最后引发了小弟的羞惭心，洗不洗澡的矛盾得到了解决，这一儿童心理变化的过程写得合情合理。拟人化的手法在诗中得到了巧妙运用，使这首儿童生活小诗带上了童话的色彩，富有儿童情趣，朗读时要注意体味。

项目三

复述

学习目标

❶ 了解复述的基本方法。

❷ 熟练掌握复述的技巧，能够按照复述的基本要求复述内容，做到语言清晰、流畅、易懂、规范。

❸ 能够胜任日常口语交际和教育教学工作的需要。

任务一

了解复述

任务情境

课堂上，教师让学生复述童话故事《皇帝的新衣》，并提出要求：完整准确地体现原材料的中心和重点，条理清楚，反映各部分内容的内在联系，注意把书面语转换成口头语。

复述课文是一个从简单到具体，再从具体到创造的过程。这里所讲的复述专指把文字材料转换成口头语言。它不仅在幼儿语言教学中经常用到，而且在幼儿园的其他教育教学活动中也常常用到。复述是托幼园所保育师必备的基本技能之一。

知识支撑

复述也叫重复述说，就是把看过的、听过的书面或口头材料，在理解记忆或加工整理的基础上，用有声语言或详细完整、或简明扼要地重复出来的一种口头表达方式。

一、复述的要求

复述是一种复杂的语言信息处理、转换过程，需要复述者具有良好的阅读能力、记忆能力以及较强的想象能力和思维能力。具体而言，复述要求做到以下三点。

1. 准确全面

复述是把文字材料的内容用自己的话说出来，复述出来的内容一定要忠实于原作，不能凭空地增加原文中没有的内容，也不可以根据自己的喜好随意减少原文中应有的内容。

2. 恰当灵活

复述讲究用自己的话陈说、叙述，将文字材料转换成口头语言。要求复述者能够根据表达需要，对原材料进行恰当的调整和改编，灵活地再现文字材料，绝不是一字不差地背诵。

3. 清晰连贯

复述需要复述者首先运用思维将文字材料的内容转换成清晰的、有条理的口头语言，最终连贯地表达给听者。复述者不仅要具有思维分析能力，还要具备良好的口头表达能力，才能将要表达的内容流畅地表述出来。

二、复述的技巧

1. 把握好训练程序

要想很好地掌握复述这种口头表达方式，使复述顺利进行，就要从训练程序上入手，即理解—记忆—加工—复述。也就是说，复述者要对原材料的思想内容和艺术风格有较深的认识，从而在整体理解的基础上，对构成原材料的诸多要素进行强化记忆，继而按复述要求进行重新组织，最后思维与表达同步，完成复述。只有这样做，复述才会有条不紊地进行。

2. 理清材料脉络

复述的原材料体裁多样，无论哪一种体裁的文字材料，都要理清脉络，才便于复述。记叙性体裁的材料，一定要弄清记叙的六要素，讲明白什么时间、有什么人、在什么地方、发生了什么事情、经过如何、结果怎样。说明性和议论性体裁的材料，复述的技巧在于弄清事理，表明观点主张，让听者了解说明的对象和议论的观点。

3. 善用口语表达技巧

复述过程中，复述者可通过巧妙地运用重音、停顿、语气、节奏等方面的口语表达技巧，对原材料中的重点进行强调，准确地表达出原材料中蕴含的情感，并且使语言富有一种音韵的节奏美感。

4. 配合恰当态势语

在复述中，复述者可以根据要表达的内容选择恰当的态势语辅助陈述，适当的表情语和手势语的运用对复述能起到画龙点睛的作用，增强表达效果。

知识链接

描　述

复述时可以适当采用描述的方式。描述就是复述者以生动形象的言辞，表达自己对客观事物的看法。通过这种方式，可以使对方获得鲜明的印象和深刻的感受，产生如临其境、如闻其声、如见其人的感觉。

从描述角度的不同来划分，可以分为直接描述和间接描述。直接描述是对描述对象进行直接的描述，是说话人把观察、感受到的直截了当地说出来；间接描述是通过对与描述对象有联系的其他人、其他事等的描述，或者是通过别人评价，来达到描述自己的对象的目的。

从描述详略的不同来划分，可以分为细致描述和简要描述。细致描述就是对描述对象的突出方面进行精细、周密的描述，给接收者以极其鲜明、生动的形象；简要描述只是简单、质朴地予以勾勒，给接收者一个大体轮廓。

描述时要做到目的明确、突出重点、感情自然贴切，符合描述对象的基本情况。

任务训练

按照复述的要求，对童话《慢性子裁缝和急性子顾客》进行复述。

慢性子裁缝和急性子顾客

周锐

故事发生在冬天。裁缝店里走进一位顾客。

顾客把一卷布料放到桌上，对裁缝说："我想做件棉袄。我已经跑了三家裁缝店了。第一家说要到秋天才能做好。第二家问我有没有等到夏天的耐心。第三位师傅强些，但他最早也要到开春才能交货。我可等不及，都没让他们做。告诉您，我和别的顾客不一样，我是个性子最急的顾客。请问师傅，您准备让我什么时候来取衣服——秋天？夏天？春天？……"

"不，"裁缝说，"就在冬天。"

裁缝又补充一句："不过，我指的是明年冬天。"

顾客噌地一下子跳起来："这么慢啊！"

裁缝说："我和别的裁缝不一样，我是个性子最慢的裁缝啊。"

"那就算啦，我还是去找刚才的师傅吧。"顾客夹起布料就要走。

"别走，"裁缝把顾客叫住，"我知道您是个急性子。依我看，我做的活儿最适合您这种性子的顾客啦。"

急性子顾客挺纳闷："为什么？"

"照您的性子，您肯定会一拿到衣服就穿在身上，不是吗？"裁缝说。

顾客说："那当然。我可不耐烦把新衣服藏在箱子里。"裁缝说："那么，您要是在别的季节拿到新棉袄，也不得不由着性子穿上。可是您无论在秋天、夏天还是春天穿一件棉袄，人家都会笑话您的。我呢，决不会让人笑话您。非但如此，在您穿上我做的美观大方的新棉袄的时候，大家还会围着您直夸奖，甚至羡慕您呢。"

这位顾客歪着头想了想，不得不承认裁缝说得有道理。于是，做衣服的事儿就算说定了。

不料，这位顾客第二天又跑到裁缝店来，说："我不做棉袄了！"

"等到明年冬天，时间实在太长啦。"顾客提出，"把我那棉袄里的棉花拽掉，改成夹袄，让我提前在秋天就能穿上合时的新衣服吧。”

“不要棉花了，行啊。”裁缝答应了，“为您服务，没说的！”

顾客满意地走了。可是第三天他又来了。

“师傅，把我那夹袄的袖子剪去一截儿，改成夏天能穿的短袖衬衫吧，我实在等不及了。”

裁缝点点头：“剪袖子，只要咔嚓咔嚓两剪子，好办得很，没问题。”

又过了一天，那顾客再来的时候，裁缝笑着问他：“怎么，您那件短袖衬衫还能改成什么？”

顾客说：“对不起，麻烦您再给我改成春装吧。袖子嘛，把上次剪下来的再接上去就是啦。”

裁缝这回摇头了：“接上去的袖子多难看啊。”

“那您别管，只要能让我早些在春天穿上。您别忘了，我可是个急性子顾客啊。”

裁缝说：“亲爱的顾客，我要对您负责。我不会让您穿上这样难看的衣裳，这也坏了我的名声啊。”

顾客泄气了。但裁缝又拍拍他的肩，说：“您放心，凭我的手艺，不用接袖子也能给您做出一件最漂亮的春装。”

顾客感动极了：“那太谢谢啦。您真的不用接袖子？”

“根本不用。”裁缝解释说，“因为您的布在我的柜子里搁着，我还没开始裁料呢。”

顾客惊讶、恼怒地瞪大了眼睛！

“您可别忘了，”裁缝提醒他说，“我是个慢性子裁缝啊。”

提示：本文主要以对话的形式展开，在人物对话之间推进故事的发展。因此，要理解人物对话，读好对话，感受人物形象的特点，为复述故事作铺垫。

任务二

掌握复述的方法

任务情境

“《手表和草帽》，是一个关于某品牌手表起源的故事。故事非常简短，情节也很简单，上次课结束时，两位同学的复述都很不错，第一位同学因为只看了一遍，所以在复述的时候有些细节没有把握好，第二位同学在复述的时候就要好很多。但是他们都把握住了复述的基本要求。”

这是教师在课上说的一段话，复述作为一种语言训练技巧，看似很容易把握，但是能否准确地把握所接触的语言材料的内容、重点、中心，还需要进一步的训练才行。

知识支撑

复述，富有创造性，能把记忆、思考、表达三者有机地结合起来，使之融为一体。好的复述首先要对原材料进行认真阅读和理解，然后注意记忆的技巧，既要有框架记忆，又要有细节记忆，还要留意能够提示记忆的重点语句，同时考虑复述方式不同的特点和要求，掌握复述的分类和重点。

复述一般分为详细复述、简缩复述和扩展复述三种。

一、详细复述

详细复述是用自己的话，条理清楚、准确完整地把原材料的内容按照顺序重述出来，是一种最简单、最基本、最接近原材料的复述。它要求复述者具有良好的记忆能力、敏锐的感知能力和较强的连贯能力。

详细复述虽然重视接近原材料，但也要进行必要的调整，即完成书面语言向口头语言的转换，比如把某些语法结构复杂的长句改为简单的短句，把典雅的文言词改为通俗的白话词语等，具体操作如下：

（1）认真看清全部材料，明辨主题，理解其基本思想，理清其结构，对原材料有个总体印象，最好能列出复述提纲。

（2）要创造性地钻研原材料，展开合理而丰富的想象，发挥口语表达直观性、有声性的优势，做到条理分明、中心突出、感情真挚、气势连贯、声情并茂地将原材料详细地复述出来。

（3）详细复述时，复述者要特别注意复述的流畅性和准确性。复述记叙性材料要生动，让听者如闻其声、如见其人、如临其境；复述说明性材料要讲清道理；复述议论性材料要讲清观点及论证过程。

例如民间故事《牛郎织女》的开头是：

在古代，有一个名叫牛郎的放牛娃。他是个没爹没娘、又常受哥嫂虐待的苦孩子。但牛郎放的那头牛却和他很亲密，常用温情的眼睛看着他，还伸出舌头，轻轻地舔他的手。

这段话可以详细复述为：

古时候，有一个放牛娃，名叫牛郎。他小时候可苦了，没有爹娘，哥嫂常常打骂他。好在牛郎放的那头牛和他很亲，常用眼睛温和地看着他，还伸出舌头，轻轻舔他的手。

二、简缩复述

简缩复述是对原材料进行浓缩和选择，然后用简明扼要的语言加以描述。这种复述训练要求提高复述者对原材料的理解和概括能力。

简缩复述类似于作文的缩写，要在熟悉原材料的基础上，用高度概括的语言把主要内容复述出来，具体操作如下：

⑴ 仔细看清楚全部材料，熟悉原材料的所有内容，包括主题思想、语言风格、文章体裁、涉及的事件及说明的事理等。

⑵ 在熟悉、记忆的基础上，对全部材料进行分析整理，确定主要内容和次要内容。

⑶ 去除铺陈、举例、联想等枝叶部分，理清线索，运用高度概括的语言，叙述出原材料的中心内容。

⑷ 需要特别注意的是简缩复述并不等于概括段落大意，简缩复述是要着重复述，概括段落大意则着重议论，它们是有着本质区别的。

例如，莫泊桑的小说《项链》开篇是：

她（玛蒂尔德）也是一个美丽动人的姑娘，好像由于命运的差错，生在一个小职员的家里。她没有陪嫁的资产，也没有什么法子让一个有钱的体面人认识她、了解她、爱她、娶她；最后只得跟教育部的一个小书记结了婚。

她不能够讲究打扮，只好穿着朴素，但是她觉得很不幸，好像这降低了她的身份似的。因为在妇女心中，美丽、风韵、娇媚，就是她们的出身；天生的聪明、优美的资质、温柔的性情，就是她们唯一的资格。

她觉得她生来就是为着过高雅和奢华的生活的，因此她不断地感到痛苦。住宅的寒伧、墙壁的暗淡、家具的破旧、衣料的粗陋，都使她苦恼。对于这些东西，别的跟她一样地位的妇人，也许不会挂在心上，然而她却因此痛苦，因此伤心。她看着那个替她做琐碎家事的勃雷大涅省的小女仆，心里就引起悲哀的感慨和狂乱的梦想。她梦想那些优雅的厅堂，那里装饰着东方的帷幕，点着高脚的青铜灯，还有两个穿短裤的仆人，躺在宽大的椅子里，被暖炉的热气烘得打盹儿。她梦想那些宽敞的客厅，那里张挂着古式的壁衣，陈设着精巧的木器，珍奇的古玩。她梦想那些华美的香气扑鼻的小客室，在那里，下午五点钟的时候，她跟最亲密的男朋友闲谈，或者跟那些一般女人所最仰慕最乐意结识的男子闲谈。

每当她在铺着一块三天没洗的桌布的圆桌边坐下来吃晚饭的时候，对面，她的丈夫揭开汤锅的盖子，带着惊喜的神情说："啊！好香的肉汤！再没有比这更好的了！……" 这时候，她就梦想到那些精美的晚餐，亮晶晶的银器；梦想到那些挂在墙上的壁画，上面绣着古装人物、仙境般的园林、奇异的禽鸟；梦想到盛在名贵的碟盘里的佳肴；梦想到一边吃着粉红色的鲈鱼或者松鸡翅膀，一边带着迷人的微笑听客人密谈。

她没有漂亮的服装，没有珠宝，什么也没有。然而她偏偏只爱这些，她觉得自己生在世上就是为了这些。她一向就想着得人欢心，被人羡慕，具有诱惑力而被人追求。

她有一个有钱的女朋友，是教会女校里的同学，可是她再不想去看她了，因为看望回来就会感到十分痛苦。由于伤心、悔恨、失望、痛苦，她常常好几天整天地哭着。

这段话可以简缩复述为：

玛蒂尔德是一个漂亮的女人，出身于小职员家庭，嫁给了一个教育部的小书记。她觉得很不幸，因为她觉得凭自己的容貌，应该去过豪华舒适的生活，但她却不得不住在简陋的住宅里，穿朴素的衣服，吃简单的饮食，连一件珠宝也没有，她为此感到十分痛苦。

三、扩展复述

扩展复述就是通过想象、联想，将原材料合情合理地加以扩充、展开，从而使内容更具体、更丰富，语言更鲜明、更生动的复述方式。扩展复述有助于培养复述者的创造性思维能力，提高想象力和即兴表达能力。

扩展复述时，针对不同的材料要有不同的侧重点。对记叙性材料，要通过合理的想象，补充细节，运用描述、渲染等手法，使复述更生动、更充实；对说明性材料，要对所述内容的原理增加更具体、更细致的说明；对议论性材料，则主要是增加有层次的理性论证，补充论据材料，做更深入的剖析，具体操作如下：

（1）通过阅读原材料全文，把握材料框架。

（2）找出原材料中心和扩展的重点，并依次进行合情合理的联想和想象。

（3）根据原材料内容和表达的需要，充分运用描述、解说、论证等手段和各种修辞手法，围绕原著和基本框架进行扩展补充。

成语故事《守株待兔》原文是：

宋人有耕者。田中有株。兔走触株，折颈而死。因释其耒而守株，冀复得兔。兔不可复得，而身为宋国笑。

可以扩展复述为：

相传在战国时代的宋国，有一个农民，日出而作，日入而息。遇到好年景，也不过刚刚吃饱穿暖；一遇灾荒年，可就要忍饥挨饿了。他想改善生活，但他太懒，胆子又特小，干什么都是又懒又怕，总想碰到送上门来的意外之财。奇迹终于发生了。深秋的一天，他正在田里耕地，周围有人在打猎。吆喝之声四处起伏，受惊的小野兽没命地奔跑。突然，有一只兔子，不偏不倚，一头撞死在他田边的树根上。当天，他美美地饱餐了一顿。从此，他便不再种地，一天到晚，守着那神奇的树根，等着奇迹的出现。

知识链接

转换复述

复述时可以对原始材料中的表述方式加以改变，这叫作转换复述。比如改换人称复述、改变体裁复述、变换顺序复述等。转换复述类似于作文的改写，它可以锻炼复述者的创造性思维能力和灵活运用语言的能力。

转换复述的方式有很多，主要有以下三种。

1. 改换人称复述

改换人称复述就是对原材料的叙述人称加以改变的复述。比如把第三人称改为第一人称，或把第一人称改为第三人称等。由于叙述的人称变了，复述时要对有关内容，如人物语言、景物描写等作相应的变动。人称自始至终一致，不能中途任意转换，否则就会张冠李戴。

2. 改变体裁复述

改变体裁复述是对原材料的体裁加以适当变化的复述，可以将诗歌、剧本改编成记叙文，或者把小说改编成剧本等。这种复述属于作品改编，改动、补充原作品的幅度更大、更灵活，需要具备良好的文学素养和较为丰富的想象力。

3. 变换顺序复述

变换顺序复述是对原材料的叙述顺序加以改变的复述，比如把顺叙改为倒叙，或把倒叙改为顺叙等。将顺叙改为倒叙或插叙，可以增加悬念，提高趣味性，但应该注意情节的衔接、前后的照应。将倒叙改为顺叙，可以将事情的来龙去脉叙述得条理清楚、中心突出，但应注意搞清楚原材料中事情发展的时间顺序、情节的衔接、内在逻辑关系等。

任务训练

一、根据所学内容简要回答下列问题

1. 复述的基本要求和技巧。

2. 复述的方法有哪些。

二、对下面的寓言进行简缩复述。

拓展训练

狮子和山羊

[印度] 安纳德

从前有一群山羊，他们每天到树林里去吃草。有一天，在晚上回家的时候，他们中间有一只老母羊走累了，落在了后面。天渐渐地黑了，她迷了路，跑到附近一个洞里去藏身。她走进去发现有一只狮子坐在里面，大吃一惊。她吓得呆了一会儿，定了定神，就盘算应该怎么办。"我若是跑开的话，"她想，"这只狮子一定马上会捉住我；若是我能鼓起勇气，沉着地对付，我也许可以逃过。"

她就大摇大摆地走到狮子面前，一点没有害怕的样子。狮子对她看了又看，猜不透为什么一只山羊竟敢这样大胆，一点都不像别的山羊那样从来不敢走近他。最后他想她一定不是山羊，而是他从来没有看见过的一种怪兽。

"老人家，你是谁啊？"狮子大着胆子恭敬地问。

"我是山羊女王，"母山羊回答说，"我是西伐神的信徒，我曾经向他立誓要吃一百只老虎，二十五头象和十只狮子。我已经吃了一百只老虎和二十五头象了，现在我正在寻找十只狮子。"

狮子听了，吓得不得了，他相信母山羊真是来吃他的，就推说他要到河边去洗脸，从洞里溜出去了。

他跑到洞外，碰见了一只豺狗。豺狗看见百兽之王那惊慌的样子，就问他什么缘故。

狮子慌慌张张地告诉豺狗，说他碰见了一只怪兽，看上去很像山羊，却一点也不像山羊那样胆小。

豺狗是很聪明的。他一下子就猜到，把狮子吓到这个地步的，不过是一只可怜的老山羊，于是安慰狮子说，这不过是那只老弱的动物为了避免自己被吃掉而玩弄的诡计。

“你沉住气，跟我一块儿回到洞里去，把这个冒牌的东西当一顿饭吃了。”豺狗提议说。

狮子听了他的话，就和豺狗一块儿回去。

母山羊看见狮子回来了，她知道一定是和他同来的豺狗教他的。但是她一点也不惊慌，迎上前去，做出非常庄严的样子，对豺狗说：

“你就是这样执行我命令的吗？我叫你去捉十只狮子，给我做一顿吃的，你却只带一只来。为你这个罪过，我就该剥了你的皮！”

狮子听见这话，以为是上了豺狗的当，马上狂怒地扑到豺狗身上，把他吃掉了。

这时候，母山羊溜出山洞，逃出了狮子的爪牙。

三、根据诗歌提供的情感和意境，展开想象，扩展成一篇散文并复述出来。

上李邕（yōng）

[唐] 李白

大鹏一日同风起，扶摇直上九万里。
假令风歇时下来，犹能簸却沧溟水。
世人见我恒殊调，闻余大言皆冷笑。
宣父犹能畏后生，丈夫未可轻年少。

项目四

讲故事

学习目标

❶ 了解讲故事的特点，能够按照讲故事的基本要求讲述故事。

❷ 掌握幼儿故事选择和改编的基本方法。

任务一

了解讲故事

任务情境

保育师想要孩子们了解环保知识——塑料袋的危害，于是先为孩子们讲了这样一个故事：“小兔的家门口有一棵小树，长得非常茂盛，小兔把捡来的塑料袋埋在了树下，它以为这样做，能使环境变干净，而且还能给小树增加营养。一年多过去了，小树的叶子却变得越来越黄。小兔去请教鸭哥哥，鸭哥哥叫小兔把土挖开，一看才知道埋下去很久的塑料袋一点都没有腐烂……”

保育师经常用故事来引导幼儿，从而达到吸引幼儿注意力，营造轻松活泼课堂氛围的目的。会讲故事的人，能把一个普普通通的故事讲得有声有色；不会讲故事的人，却把一个特别好玩儿的故事讲得索然无味。讲故事是保育师必须具备的基本技能之一。

知识支撑

故事是受幼儿喜欢的文学形式之一，蕴含着丰富的认知、情感、审美、道德等方面的价值。讲故事是一种源远流长、群众喜闻乐见的口语艺术形式。好的故事有助于幼儿开阔视野、增长知识、认识生活、发展思维，获得精神上的愉悦。由于故事情节生动，语言活泼，容易被幼儿感知和吸收，所以在幼儿园讲故事是对幼儿寓教于乐的有效手段之一，有利于早期培养阅读兴趣和学习能力。

一、讲故事的特点

1. 教育性

讲故事是一种有效的宣传教育形式。它可以寓教于乐，潜移默化地使听者轻松愉快地受到启发教育。同时，它又能使人开阔眼界、活跃思维，学到很多有益的知识。

2. 趣味性

讲故事在材料选择和语言表达上，都非常讲究趣味性。注重情节曲折、形象鲜明、语言生动，讲述波澜起伏，引人入胜。

3. 表演性

讲故事要求声情并茂，语言要有一定的夸张性和艺术表演性。语音要抑扬起伏、张弛有度，并辅以恰当的面部表情和身姿手势，使故事形象栩栩如生、活灵活现，达到良好的艺术效果。

4. 再创性

讲故事，一般不限于对书面材料一字不漏地机械背诵。讲述者在理解、熟记故事情节的基础上，要融入自己的再创造。为了使讲述更吸引人、感动人，可以对材料进行增减改动，使之更优美动听。

二、讲故事的基本要求

（一）恰当选择故事

1. 考虑年龄差异性

幼儿的发展与年龄的关系非常紧密，不同年龄段的幼儿思维有很大差异，我们要根据不同幼儿年龄特点选择作品。针对3—4岁的小班幼儿，应该选择内容单纯、情节简单、形象生动的故事，使用儿童化、拟人化的语言，多使用态势语，语速放慢，重点语句可以适当重复；针对4—5岁的中班幼儿，选择的作品可以是中外经典童话故事等，并注意在讲述中增进与幼儿的交流，促进幼儿语言运用能力的发展，语言可以相对丰富；针对5—6岁的大班幼儿，故事的选择要丰富得多，可以适当增加一些科普类故事，讲述时强调语言简洁，适当使用抽象词语和复合句。

2. 情节曲折、结构完整

故事的完整性可以满足幼儿追求完美的心理，不管什么故事，都得有头有尾，前有交代，后有结局。有的结局也可以不明说，留给幼儿自己去猜想、思考。在讲故事时，应对情节的发展、悬念的设置作精心安排，力求做到曲折生动。

3. 趣味性和思想性统一

趣味性是幼儿故事的基础，给幼儿讲故事，要做到趣味性和思想性的融合统一，在趣味性中蕴含着思想意义和审美意味。幼儿被动人的故事所吸引，故事也引导幼儿走向真理和智慧的乐园。

（二）运用儿童化语言

幼儿思维能力有限，讲述故事时使用的语言应符合幼儿形象思维的特点，使用儿童化的语言。儿童化的语言是指适合儿童、强调童趣的语言，这就决定了教师在使用语言时应当避繁就简，不使用让幼儿感到理解困难的专有名词、抽象词语和长句、复合句等。具体来说，儿童化语言具有以下特点。

1. 词语运用的儿童化

讲故事选择词语要遵循“以浅代深”的原则，多用表示具体概念，如色彩、形态、动作的词，多用叠音词、感叹词、语气词。例如故事中提到一锅腊八粥时，可以这样描述——红红的枣、黄黄的豆、白白的米、胖胖的花生。显而易见，这样的表述更生动。

2. 句式运用的儿童化

句子要短小一些、简单一些，附加成分尽量少，适当重复。

例如，故事《动物做鞋》：

小猴开鞋店，大家来做鞋。仙鹤说：“请你给我做一双鞋。”小马说：“请你给我做两双鞋。”蜻蜓说：“请你给我做三双鞋。”大虾说：“请你给我做五双鞋。”螃蟹说：“请你给我做六双鞋。”最后，蜈蚣也要做鞋，小猴急了：“你要做二十一双鞋，什么时候才能做完啊？”

这个故事中不断重复的句子不仅可以加深幼儿印象，还具有回环跌宕的韵律感，正是典型的儿童化句式。

3. 语情语境的儿童化

讲故事时要多注入一些情感因素，如语音和谐悦耳、声调愉快柔和、语气委婉坚定、节奏鲜明匀称、富于音乐美。

（三）熟悉故事

讲故事时要把握人物和环境，理解故事的主题，熟记故事的情节、人物的语言。讲故事不是读故事、背故事，而是要做到熟能生巧，对故事进行再创造，为了适应幼儿的语言接受能力，需要对作品内容进行适当修改。

（四）塑造生动的角色形象

讲述故事时要对故事角色进行处理，塑造恰当的角色形象，以帮助幼儿了解角色的特点和个性，从而更好地领会故事的意义，获得更愉悦的审美享受。

例如在讲述《小蝌蚪找妈妈》这个故事之前，首先要熟悉故事，然后对其中的角色形象进行分析、设计。故事中出现了小蝌蚪、鸭妈妈、大鱼、乌龟、青蛙这几种动物。小蝌蚪，可以看成单纯冲动的孩子；鸭妈妈，可以看成直爽的大妈；大鱼，可以看成温柔的女性；乌龟，可以看成稳重的长者；青蛙，可以看成热情、有活力的年轻妈妈。经过这样的形象塑造后，故事里的每个角色都有自己的定位和性格，讲述时会更生动形象。

在确定角色性格之后，就要选择适当的声音来表现，也就是声音的"造型"。幼儿故事口语中的声音造型要求清晰准确、绘声绘色、形象生动、略带夸张、富有趣味性。不必追求逼真，更不必拿腔捏调，应贵在神似，这样就可以把幼儿带入多彩的故事世界。

三、讲故事的技巧

故事，侧重于事件过程的描述，强调的是人物的形象性和情节的连贯性、生动性。因此，在讲故事的过程中要做到把人物形象、事件过程和环境介绍立体地展现在听众面前，使人如闻其声、如见其形、如临其境，吸引听众，使之受到感染，收到良好的效果。在讲故事的过程中要注意以下四点。

1. 处理好开头和结尾

故事的开头一定要有吸引力，能够引起幼儿倾听的欲望；故事的结尾要能够让幼儿有所思索，富有意味。开头语和结束语都可以根据故事的特点和讲故事的目的进行设计。

2. 处理好叙述语言和人物语言

要讲好故事，语言必须准确、清晰、生动，声音的高低快慢要符合情节的展开和人物性格，注意区别故事中作者的叙述语言和情节中的人物语言，并注意两者之间的转换。

叙述语言要体现讲故事者作为旁观者的客观性，人物语言应有故事人物的“角色感”，做到声如其人，着力表现人物性格和思想感情，抓住人物的言行和心理活动。

3. 注意肢体语言的运用

讲故事是一门讲演结合的有声语言艺术，其主要表现手段除了“讲”以外，还有“演”。眼神、表情、动作等的设计都要视故事内容的要求而定，运用一定要自然得体、恰如其分，争取做到形象贴切。这样，既可以生动地表现故事内容，又能使人物性格鲜明突出，给听众留下深刻印象。

4. 适当运用口技模拟声音

由于情节的需要，讲故事有时要模拟自然界的声音，如风声、雨声、流水声等；也要模仿动物的鸣叫声以及交通工具发出的声音。口技模拟运用得好，可以起到渲染环境气氛的作用，增强故事的真实性和形象性，加强口语的表达效果。

知识链接

怎样讲好绘本故事

绘本，顾名思义就是“画出来的书”，即一类以绘画为主，兼附有少量文字的书籍。在绘本中，图画不再是点缀，而是图书的命脉，甚至有些绘本，一个字也没有，只用图画来讲故事。

绘本中要读的绝不仅仅是文字，而是要从图画中读出故事，进而欣赏绘画。绘本中高质量的图与文，对培养幼儿的认知能力、观察能力、沟通能力、想象力、创造力，还有促进其情感发育等，都有着难以估量的潜移默化的影响。例如，玛格丽特·怀兹·布朗的绘本《逃家小兔》会使幼儿甚至成人都爱不释手，原因是她成功塑造了爱意拳拳的兔妈妈和调皮可爱的小兔宝宝两个令人难忘的形象。故事通篇由兔妈妈和小兔宝宝的对话构成，没有曲折的情节，没有任何的环境描写，更没有显性的主题表达，却为讲述者留下了广阔的塑造空间。

那么，如何讲述绘本故事呢？

1. 结合图文建构故事

讲述者要根据画面提供的时间、地点、人物等自行建构故事框架，注意画面与画面之间的关联，组织好讲述的语言，帮助幼儿连贯地理解故事。

2. 科学的引导

讲述者要给予幼儿观察图画的时间，帮助幼儿把握图片的重点，既要了解故事的主要情节，也要明确故事的主体，以及懂得故事本身所要表达的教育意义。

3. 设计适当的提问

在讲述中，要让幼儿展开丰富的想象，更好地参与故事之中，就不应该让教师的分析代替幼儿的自主思考。所以，讲述者要把提问应用其中，一路设悬，一路猜测，一路讲述，把绘本的每一张画面和文字完美地结合起来，引导幼儿猜想情节，让故事在幼儿的充分想象中完成衔接，从而发展幼儿的想象力。

任务训练

一、阅读故事《萝卜回来了》《小马过河》，运用讲故事的基本要求精心准备并讲述。

萝卜回来了

方铁群

雪这么大，天气这么冷，地里、山上都盖满了雪。小白兔没有东西吃了，饿得很。

他跑出门去找。小白兔一面找一面想：“雪这么大，天气这么冷，小猴在家里，一定也很饿。我找到了东西，去和他一起吃。”

小白兔扒开雪，嘿，雪底下有两个萝卜。他多高兴呀！

小白兔抱着萝卜，跑到小猴家，敲敲门，没人答应。小白兔把门推开，屋里一个人没有。原来小猴不在家，也去找东西吃了。

小白兔就吃掉了小萝卜，把大萝卜放在桌子上。

这时候，小猴在雪地里找呀找，他一面找一面想："雪这么大，天气这么冷，小鹿在家里，一定也很饿。我找到了东西，去和他一起吃。"

小猴扒开雪，嘿，雪底下有几颗花生。他多高兴呀！

小猴带着花生，向小鹿家跑去，跑过自己的家，看见门开着。他想："谁来过啦？"

他走进屋子，看见萝卜，很奇怪，说："这是哪来的？"他想了想，知道是好朋友送来的，就说："把萝卜也带去，和小鹿一起吃！"

小猴跑到小鹿家，门关得紧紧的。他跳上窗台一看，屋子里一个人也没有。原来小鹿不在家，也去找东西吃了。

小猴就把萝卜放在窗台上。

这时候，小鹿在雪地里找呀找，他一面找一面想："雪这么大，天气这么冷，小熊在家里，一定也很饿。我找到了东西，去和他一起吃。"

小鹿扒开雪，嘿，雪底下有一棵青菜。他多高兴呀！

小鹿提着青菜，向小熊家跑去，跑过自己的家，看见雪地上有许多脚印。他想："谁来过啦？"

他走近屋子，看见窗台上有个萝卜，很奇怪，说："这是从哪来的？"他想了想，知道是好朋友送来给他吃的，就说："把萝卜也带去，和小熊一起吃！"

小鹿跑到小熊家，在门外叫："开门！开门！"屋子里没有人答应。原来小熊不在家，也去找东西吃了。

小鹿就把萝卜放在门口。

这时候，小熊在雪地里找呀找，他一面找一面想："雪这么大，天气这么冷，小白兔在家里，一定也很饿。我找到了东西，去和他一起吃。"

小熊扒开雪，嘿，雪底下有一只白薯。他多高兴呀！

小熊拿着白薯，向小白兔家跑去，跑过自己的家，看见门口有个萝卜，他很奇怪，说："这是从哪来的？"他想了想，知道是好朋友送来给他吃的，就说："把萝卜也带去，和小白兔一起吃！"

小熊跑到小白兔家，轻轻推开门。这时候，小白兔吃饱了，睡得正甜哩。小熊不愿吵醒他，把萝卜轻轻放在小白兔的床边。

小白兔醒来，睁开眼睛一看："咦！萝卜回来了！"他想了想，说："我知道了，是好朋友送来给我吃的。"

小马过河

彭文席

朗读示范

小马和他的妈妈住在绿草茵茵的美丽小河边。除了妈妈过河给河对岸的村子送粮食的时候，他总是跟随在妈妈的身边寸步不离。他过得很快乐，时光飞快地过去了。

有一天，妈妈把小马叫到身边说："小马，你已经长大了，可以帮妈妈做事了。今天你把这袋粮食送到河对岸的村子里去吧。"

小马非常高兴地答应了。他驮着粮食飞快地来到了小河边。可是河上没有桥，只能自己蹚过去，可又不知道河水有多深呢。犹豫中的小马一抬头，看见了正在不远处吃草的牛伯伯。小马赶紧跑过去问道："牛伯伯，您知道那河里的水深不深呀？"牛伯伯挺起他那高大的身体笑着说："不深，不深。才到我的小腿。"小马高兴地跑回河边准备蹚过河去。他刚一迈腿，忽然听见一个声音说："小马，小马，别下去，这河可深啦。"小马低头一看，原来是小松鼠。小松鼠翘着她的漂亮的尾巴，睁着圆圆的眼睛，很认真地说："前两天我的一个伙伴不小心掉进了河里，河水就把他卷走了。"小马一听没主意了。牛伯伯说河水浅，小松鼠说河水深，这可怎么办呀？只好回去问妈妈。马妈妈老远地就看见小马低着头驮着粮食又回来了。心想他一定是遇到困难了，就迎过去问小马。小马哭着把牛伯伯和小松鼠的话告诉了妈妈。妈妈安慰小马说："没关系，咱们一起去看看吧。"

小马和妈妈又一次来到河边，妈妈这回让小马自己去试探一下河水有多深。小马小心地试探着，一步一步地蹚过了河。噢，他明白了，河水既没有牛伯伯说的那么浅，也没有小松鼠说的那么深，只有自己亲自试过才知道。

小马深情地向妈妈望了一眼，心里说："谢谢你了，好妈妈。"

然后他转头向村子跑去。他今天特别高兴，你知道是为什么吗？

二、阅读幼儿故事《狮子打喷嚏》片段，按照提示分角色完成对话训练。要求用富于表现力的声音和恰当的肢体语言塑造人物形象，使之生动、丰满、鲜活。

背景：森林里

狮子：（慢慢地走出来，咳嗽两声，揉鼻子，之后想打喷嚏）啊——啊——，啊——嚏！

大树：哎——呦——，这是怎么了，我的老骨头都要散架了。（身体摇晃，同时散落手中的树叶）

猴子：（翻了个大跟斗后撞在树旁，爬起挠头说）哎——呦——，大树爷爷，是不是地震了？

大树：我也不太清楚，或许是地震。

鸽子：（边飞来边说）不是地震，是狮子打的大喷嚏啊！

大树、猴子：哦，原来如此！

熊猫：（从地上慢慢爬起）它应该早点看病的，弄得我们大家都这么狼狈。

鸽子：它呀，已经很久没有锻炼身体了！

大树：肯定是不锻炼身体，才会生病的！害得我们都受它的影响了。

狮子：（低着头走到大家身边）真不好意思，我连累你们了，我向大家保证，以后再不会有这样的事情发生了。

大树：（摆出一副教育的架势）你说的是真的吗？那你可要天天锻炼身体才行！

狮子：（举起一只手做发誓状）我发誓，以后一定好好锻炼身体，不再打喷嚏影响大家了。

熊猫、大树、鸽子、猴子：（齐声说）我们相信你一定能做到的！

任务二

改写幼儿故事

任务情境

苗苗老师在课堂上绘声绘色地讲道：一个老爷爷种下了萝卜，对它说："长大吧，长大吧，萝卜呀，长得甜啊！长大吧，长大吧，萝卜呀，长得结实啊！"

这是保育师在讲述《拔萝卜》故事时，运用反复的手法改写了文中部分对白。这样改编既可以加深对叙述对象的印象，也可以表达讲述者的感情，符合幼儿喜欢反复倾听的特点。讲故事本身就是进行再创作的过程，是带有鲜明个性特征的演绎。只有适合幼儿的、触及幼儿心灵的故事才能吸引他们、打动他们，从而达到对幼儿进行陶冶和教育的目的。

知识支撑

幼儿故事按照内容划分，可分为神话、传说、民间故事、寓言、童话和幼儿生活故事。其中，神话、传说、民间故事和寓言的主要阅读对象是成人，经过改写后才能成为幼儿故事；童话中，有一部分是给学龄儿童写的，讲述时也需要有一定的改动，幼儿才能听懂；幼儿生活故事一般都围绕幼儿日常生活展开，所以一般不需要改动。

一、神话、传说、民间故事

神话、传说和民间故事属于民间文学的范畴，其中大胆的幻想、神奇的情节符合幼儿的年龄特点，因此深受幼儿的喜爱。但它们不是专门为幼儿创作的，因此，在给幼儿讲述时，首先是要选择合适的故事，然后进行改写。

（一）选择

教师要根据教育目的、教育要求，依据幼儿的特点选择“好”的故事。一个好的故事，它需要有一定的教育意义，有积极向上的精神，有丰富的知识，往往能给人们带来启迪。如许多民间故事里，就经常包含着尊老爱幼、助人为乐、疾恶如仇等好的传统道德品质。例如《狼来了》的故事告诉人们，千万不要像那个放羊的孩子一样，撒谎骗人，那样做最终只会害了自己；《愚公移山》的故事告诉人们，无论面对多大的困难，都应该坚持努力；《孔融让梨》的故事告诉人们要懂得谦让。

（二）改写

一般来说，神话、传说和民间故事的情节结构、语句比较复杂，幼儿难以理解，因此在改编时要改成孩子们能够接受的语言，词语简单易懂，句式简短明快，语言要合乎普通话规范，不用或少用方言土语，力争做到口语化、儿童化、标准化。

例如神话故事《精卫填海》，原文始见于《山海经·北山经》，是用文言文写的：

北二百里，曰发鸠之山，其上多柘木，有鸟焉，其状如乌，文首，白喙，赤足，名曰“精卫”，其鸣自詨。是炎帝之少女，名曰女娃。女娃游于东海，溺而不返，故为精卫，常衔西山之木石，以堙于东海。漳水出焉，东流注于河。

袁珂将其改写成现代白话文，增加了对话和神态描写，突出了精卫坚韧不拔的斗争精神，文字也十分生动、形象，但不适合幼儿。《365夜故事》中也有一篇改写的《精卫填海》，删去了一些地名、情节，文字更加口语化、儿童化，语言优美感人，相对而言，更适合讲给幼儿听。

精卫填海

袁珂

太阳神炎帝有一个小女儿，名叫女娃，是他最钟爱的女儿。有一天，女娃驾着小船，到东海去游玩，不幸海上起了风浪，像山一样的海浪把小船打翻，女娃就淹死在海里，永远回不来了。炎帝固然挂念他的女儿，但却不能用他的光和热来使她死而复生，只能独自悲伤。

女娃不甘心她的死，她的魂灵便化作了一只小鸟，名叫“精卫”。精卫长着花脑袋、白嘴壳、红脚爪，大小有点像乌鸦，住在北方的发鸠山上。她恨无情的大海夺去了她年轻的生命，因此她常常飞到西山去衔一粒小石子，或是一段小树枝；展翅高飞，一直飞到东海。她在波涛汹涌的海面上飞翔着，把石子或树枝投下去，想要把大海填平。

大海奔腾着，咆哮着，露出雪亮亮的牙齿，凶恶地嘲笑着：“小鸟儿，算了罢，你这工作就算干上一百万年，也休想把大海填平呢。”

精卫在高空中答复大海：“哪怕是干上一千万年，一万万年，干到宇宙的终尽，世界的末日，我也要把你填平！”

“你为什么怨恨我这样深呢？”

“因为你呀——你夺去了我年轻的生命，将来还会有许多年轻无辜的生命要被你无情地夺去。”

“傻鸟儿，那么你就干吧——干吧！”大海哈哈地大笑了。

精卫在高空悲啸着：“我要干的！我要干的！我要永无休止地干下去的！这叫人悲恨的大海啊，总有一天我会把你填成平地！”

她飞翔着，啸叫着。离开大海，又飞回西山去；把西山上的石子和树枝衔来投进大海。她就这样往复飞翔，从不休息，直到今天她还在做着这种工作。

精卫填海

《365夜故事》

太阳神有个小女儿，名字叫作女娃。

女娃很美丽，很聪明，又很勇敢。太阳神非常喜欢她，可是女娃不愿意总在爸爸身边待着，她常常一个人摇着一只小船，到海上去玩。

大海的脾气可怪了，有时候，它安安静静。女娃的小船，在海面上漂呀，漂呀，摇呀，摇呀，就像躺在摇篮里，妈妈轻轻地摇着，摇着。可是，有时候，大海忽然发了火，“哗啦，哗啦”，波浪乱蹦乱跳。女娃的小船，一会儿给抛上去，一会儿给摔下来，就像荡秋千似的，可是女娃一点也不害怕。

有一回，女娃又摇了小船到海里去游玩，她玩得正高兴呢，忽然呼呼呼地刮起了大风，白色的波浪一排排涌过来，女娃的小船好像一片小树叶，漂来，漂去。

“哗啦——轰”，不好了，一个大浪打来，把小船打翻了，把女娃淹死了。

女娃死了以后，变成了一只鸟，这只鸟的名字叫作精卫，嘴是白的，脚是红的，住在北方的一座大山上。精卫是一只勇敢的鸟，它想把大海填平，就不停地衔了小石子和小树枝，扔到大海里去。大海有那么大，那么深，拿一点小石子、小树枝，怎么填得平呢？可是精卫想，小石子、小树枝积得多了，总有一天会把大海填平的。

后来，精卫和海燕结了婚，生了孩子。女孩子像精卫，男孩子像海燕，它们也非常勇敢。直到今天，精卫的子孙，还在海上飞来飞去，不怕大风，不怕大浪。

二、寓言

寓言故事能帮助幼儿分清是非，辨明善恶，有利于陶冶他们的情操，培养他们良好的品德与习惯。但是寓言故事多数是为成人创作的，要给幼儿欣赏必须经过改写。

（一）主题选定

能够被幼儿理解和接受的原作主题不必改动，但是可以从不同的角度考虑改写。例如伊索寓言《兔子和乌龟》，从兔子的角度看，是骄者必败；从乌龟的角度看，是坚韧不拔必将胜利，可以根据幼儿的思想实际和教育目的选择与之适应的角度来写。另外，不被幼儿接受的原作主题可以改动，例如克雷洛夫的寓言《狼和小羊》，原来的主题是：弱者在强者面前就是有罪的，强者可以对弱者为所欲为，借以讽刺沙皇统治的专制。显然，这一主题不符合幼儿的心理和年龄特点，可将其进行适当改动。

（二）情节扩展

寓言故事篇幅短小，故事紧紧围绕寓意发展，情节过于简单，不容易被幼儿接受，不能引起他们听故事的兴趣，因此可适当加以扩展。可以用增添形象的方法来烘托气氛，渲染主题。例如根据伊索寓言《兔子和乌龟》改写的《龟兔赛跑》，增加了一只小猴子和一些小动物的形象。还可以通过增加必要且富于个性的语言、对话和动作来改写寓言故事，使之更加丰满，形象鲜明。

例如伊索寓言《兔子和乌龟》的开头三段是这样写的：

有一天，兔子笑乌龟走路走得慢，夸耀自己跑得快。

乌龟听了，一点儿也不生气，笑着说："我们跑个五里地比一比，怎么样？"

兔子同意了。它们就同时起步出发。

通过情节的扩展，改写后的《龟兔赛跑》的开头是这样的：

兔子长了四条腿，一蹦一跳，跑得可快啦。乌龟也长了四条腿，爬呀，爬呀，爬得真慢。

有一天，兔子碰见乌龟，笑眯眯地说："乌龟，乌龟，你走得可真慢，你那四条腿是管什么用的？"兔子乐得摆着耳朵又蹦又跳，乌龟知道兔子在开他玩笑，瞪着一双小眼睛，不理也不睬，听了一点儿也不生气，说："兔子，兔子，我走路没有你快，但是只要我走个不停，总会赶上你的。"

"什么，什么？乌龟，你说什么？"

"咱们这就来赛跑。"

兔子一听，差点笑破了肚子："乌龟，你真敢跟我赛跑？那好，咱们从这儿跑起，看谁先跑到那边山脚下的一棵大树。"

三、童话

童话是儿童文学的重要体裁。童话主要描绘虚拟的事物和境界，它的环境是假设的，情节是离奇的，角色是虚构的，一切都源于作者的丰富想象。但是童话中的种种幻想，都植根于现实，是生活的一种折射。

童话作为文学作品并不是只写给孩子的，还有一部分是供成人深思的，因此童话作品中的语言、结构、主题等有时会妨碍幼儿直接欣赏，应该加以改造，才能适合幼儿。考虑到幼儿最大的特点是认知能力和认知水平尚处于初始阶段，因此给幼儿改写童话的实质就是改"浅"，我们可以通过这种方式来改编幼儿童话的内容，便于幼儿接受和理解。

改编童话故事时应该注意以下两点。

（一）主题要单一

深受幼儿欢迎的童话作品有一个共同的特点：主题单一、易懂。如《萝卜回来了》赞扬了小动物们助人为乐的高尚品质。而《皇帝的新装》既讽刺了皇帝的愚蠢，又揭露了大臣们的虚伪，还歌颂了孩子的纯真，头绪就比较多，幼儿不容易接受。因此，在改写时，对这样的作品，首先要确定一个幼儿能理解的主题，围绕主题对原作品进行改写。

（二）篇幅要短小

幼儿童话的篇幅都是比较短的，要做到这一点，除了主题单一、语言简洁外，结构还要紧凑，改编时就要做到条理分明、脉络清楚、逻辑关系简单。

例如童话《白雪公主》原文这样开头：

冬天，雪花像羽毛一样从天上落下来。一个王后坐在乌木框窗边缝衣服。她一面缝衣服，一面抬头看看雪，缝针就把指头戳破了，流出血来，有三滴血滴到雪上。鲜红的血衬着洁白的雪，非常美丽，于是她想："我希望有一个孩子，皮肤白里泛红，头发像这乌木一样黑。"不久她生了一个女孩，皮肤像雪那么白净，嘴唇像血那么鲜红，头发像乌木那么黑，她给女孩取了一个名字，叫白雪公主。

改写后的《白雪公主》这样开头：

从前有一位王后，生了一个女儿，她的皮肤像雪一样白，王后就给她取了个漂亮的名字叫白雪公主。

原文的语言优美，但过多的叙述会使幼儿不耐烦，改写后的开头简洁，开门见山，符合幼儿的心理。

任务训练

一、根据所学内容简要回答下列问题。

1. 讲故事怎样才能做到生动形象，基本要求是什么？
2. 怎样改写幼儿故事，注意事项是什么？

二、按照幼儿故事选改的要求，将下面的原句进行改编。

(1)冬去春来，冰雪消融。青蛙苏醒产卵了，水中出现点点蝌蚪；枯枝嫩芽初绽，柳树披上丝绦。村燕纷飞，蜂蝶飞舞，春风吹拂，春雨飘拂，农家已开始春耕、播种。好一派美丽风光。

拓展训练

(2)小公鸡和小鸭子一起出去玩。他们走到草堆旁，小公鸡的嘴尖尖的，在草堆里找到许多虫子，吃得很欢。小鸭子的嘴扁扁的，捉不到虫子，急得直叫。

(3)小猪往前走，看见前面有一只长耳朵、短尾巴、红眼睛的小白兔，就高兴地喊："小白兔，我和你玩好吗？"

三、按照讲故事的要求，对下列材料的语言和情节进行修改，再讲给同学听。

小 红 帽

从前有个可爱的小姑娘，谁见了都喜欢，但最喜欢她的是她的外婆，简直是她要什么就给她什么。一次，外婆送给小姑娘一顶用丝绒做的小红帽，戴在她的头上正好合适。从此，小姑娘再也不愿意戴任何别的帽子，于是大家便叫她"小红帽"。

一天，妈妈对小红帽说："来，小红帽，这里有一块蛋糕和一瓶葡萄酒，快给外婆送去，外婆生病了，身子很虚弱，吃了这些就会好一些的。趁着现在天还没有热，赶紧动身吧。在路上要好好走，不要跑，也不要离开大路，否则你会摔跤的，那样外婆就什么也吃不上了。到外婆家的时候，别忘了说'早上好'，也不要一进屋就东瞧西瞅。"

"我会小心的。"小红帽对妈妈说，并且还和妈妈拉手做保证。

外婆住在村子外面的森林里，离小红帽家有很长一段路。小红帽刚走进森林就碰到了一匹狼。小红帽不知道狼是坏家伙，所以一点也不怕它。

愚 公 移 山

古代有一位老人，住在华北，名叫北山愚公。他的家门南面有两座大山挡住他家的出路，一座叫作太行山，一座叫作王屋山。愚公下决心率领他的儿子们要用锄头挖去这两座大山。有个名叫智叟的老头看了发笑，说：“你们这样未免太愚蠢了，你们父子数人要挖掉这样两座大山是完全不可能的。”愚公回答说：“我死了以后有我的儿子，儿子死了，又有孙子，子子孙孙是没有穷尽的。这两座山虽然很高，却是不会再增高了，挖一点就会少一点，为什么挖不平呢？”愚公每天挖山不止，这件事感动了天帝，他就派了两个神仙下凡，把两座山背走了。

项目五

交谈

学习目标

❶ 了解交谈的特点、分类和基本要求。

❷ 掌握交谈的基本技巧，能够主动、恰当地与他人进行交谈。

任务一

认识交谈

任务情境

清代著名学者、《四库全书》总编纂纪晓岚机敏过人，能言善辩。有一次，乾隆皇帝去察看《四库全书》的编纂情况，适逢纪晓岚因天气炎热打着赤膊在屋里编稿。一听皇帝驾临，他来不及穿衣服接驾，慌忙钻到桌子下面，叫人谎称不在。过了好一会儿，房内鸦雀无声，纪晓岚从桌底钻出，问道："老头子走了没有？"其实乾隆并未离去，听到这话龙颜大怒，责问纪晓岚为什么叫他"老头子"？纪晓岚自知话已无法收回，闯下了大祸，情急之中，他略加思索，随即说道："皇上万寿无疆，谓之'老'，位居万民之上是为'头'，人称天子是为'子'，合起来为'老头子'。"乾隆听后，被纪晓岚无懈可击的狡辩逗乐了。

故事中纪晓岚凭借着超人的智慧和出色的口才，在突发事件中随机应变，既摆脱了欺君之罪，又奉承了皇上，可谓一石双鸟，使交谈出现了柳暗花明的新天地。

知识支撑

交谈是指两个或两个以上的人有明确的目的而进行的相互交流的活动。它是人与人之间最广泛、最简便的言语交流形式。交谈是人们日常交往的基本方式之一。从广泛意义上来讲，交谈是人们交流思想、沟通感情、建立联系、消除隔阂、协调关系、促进合作的一个重要渠道。

任何人在日常生活与社交场合中，或为了交流思想感情，或为了建立良好的人际关系，总要与他人交谈。交谈可以说是生活的纽带、感情的桥梁、工作的手段。保育师更要在日常工作和职场中善于交谈，因为只有这样，才能及时地了解婴幼儿的情绪，更好地与婴幼儿、家长及领导同事等对象交流，更好地完成保育幼儿和教育幼儿的任务。

虽然交谈如此重要，但不是任何人都懂得如何文明、得体地交谈。所以，有效的交谈训练，对于增进人们之间的了解与友谊，获得知识与信息，提高工作效率，都是十分必要的。

一、交谈的特点

1. 听说兼顾

交谈是一种双向性的信息发出与反馈的活动。交谈双方既是听话者，也是说话者，是听与说的统一体。交谈双方不仅要善于说，还要善于听，只说不听或只听不说都不利于交谈的顺利进行。

2. 话题灵活

交谈是围绕一定的话题进行的，交谈的话题可以是一个，也可以是多个。交谈双方要根据交谈的对象、时间、场合等选择不同的话题，并对交谈话题进行灵活处理。

3. 因人而异

交谈不可能拥有一套通用化、标准化的说话方式。必须根据不同对象的不同情况，如职业、经历、性格等，采取恰当的语言形式。

4. 相机而谈

交谈需要随机应变。即使自己事先考虑好了意见，到了一个特定的时间、地点，也可能发生变化。不同交谈场合有不同的表达要求。交谈者应根据特定的交谈场合灵活多变，适时寻找、转换话题和变换语气，使之与当时的场合相适应、相吻合。

5. 口语鲜明

交谈一般是双方遵循共同的话题进行的一种现场语言表达，往往是现想现说、现说现想，根据需要随时调整话语内容、话语方式等，很少来得及修饰润色语言，因而在语言表现方面具有鲜明的口语化特点。比如，多用短句、散句，句子之间连贯性不强，易位现象多，省略句子多等。

二、交谈的基本要求

（一）分清角色

在人生这个大舞台上，每个人都自觉、不自觉地扮演着不同的角色。角色规范着人们的行为，也制约着人们的言语。如果在交谈中不注意自己的角色变化，就很容易产生误解和不快。

在交谈中把握角色语言，可主要从以下两方面入手。

1. 认清自己

一个人在不同的环境里，分别担任着不同的角色，有着不同的身份，而且这个角色随时会发生变化。例如在单位，面对不同的人，可能是领导，可能是下属，还可能是同事；在家庭中也是一样，面对不同的人，可能是父母，可能是儿女，可能是夫妻，还可能是兄弟姐妹；而到商店购物时，无论是谁，都成了顾客……在这种关系的变化中，我们每个人都要及时摆正自己的位置，认清自己是谁，清楚自己的身份，使自己的言谈适应角色的变化。

2. 了解对方

要使交谈融洽，达到预期的目的，还必须观察、了解交谈对象，尽可能多地获取对方的信息，如年龄、职位、文化修养、性格爱好等，做到说话谨慎，考虑周全，从而与对方建立良好的人际关系，取得最佳的交谈效果，避免引起不快。

（二）熟悉语境

语境主要是指语言交流的具体环境，就是由一定的时间、空间和交际情境组成的言语交际场合。它是谈话取得成功不可忽视的一个重要因素。场合对交谈者的情绪和交谈的内容都有一定的限制作用，每一个交谈者都要认真观察、熟悉语境，结合自己的身份，选择自己谈话的内容，不可随意发言，即交谈内容要合时宜。

（三）把握话题

一般的交谈可选择的话题很多，但基本上应该是双方较熟悉、较感兴趣，或时下众人关注的、新鲜的话题。有时候，陌生人之间交谈选择话题有一定的难度，这就需要我们学会观察，寻找双方的相似性因素。这种相似之处能消除交谈者的戒备心理，缩短交谈双方的感情距离，引发双方交谈的愿望和兴趣。

（四）文明礼貌

文明得体的交谈，不仅体现了交谈者的语言水平，也表现出交谈者良好的素质修养。语言有美丑、雅俗、冷暖之分。古人云："好话一句三冬暖，恶语半言六月寒。"在交谈中，恭敬有礼的话语能够温暖人心，热诚真切的话语能够鼓舞人心，而粗野庸俗、强词夺理的话语不仅会伤人心，还会败坏社会风气。因此，在交谈中文明礼貌十分重要。交谈中的文明礼貌主要表现如下。

1. 用礼貌用语

初次见面，要说"久仰"；许久不见，要说"久违"；客人到来，要说"光临"；等待客人，要说"恭候"；探望别人，要说"拜访"；起身作别，要说"告辞"；中途先走，要说"失陪"；请人勿送，要说"留步"；请人批评，要说"指教"；请人指点，要说"赐教"；请人帮助，要说"劳驾"；托人办事，要说"拜托"；麻烦别人，要说"打扰"；求人谅解，要说"包涵"等。

2. 听对方说话

一个好的交谈者，要求不仅是一个善说者，也是一个会听者。与人交流时，不要抢话，更不可随意打断别人的话头。如果因未听明白或希望进一步了解情况而必须插嘴，应先征得对方同意："请等等，让我插一句。""请让我提个问题，好吗？"没有听明白对方的话意就抢着发表看法或武断地下结论，是粗鲁无礼的，很容易引起争执，甚至不欢而散。

3. 态势自然大方

谈话时双方要目光平视，不能东张西望，不能做小动作。交谈时，身体面对说话者，上身略向前倾。要用恰当的手势表示对说话者的理解或赞同，手势幅度不宜过大；脸部表情要庄重、自然，保持微笑是最好的交谈态势。

4. 注意避讳

在交谈中，要尽可能回避使对方产生不愉快的话题，万一无意触及，应立即表示歉意。在日常生活与社会交际中，言语需要避讳的很多，如涉及个人的隐私，对方伤心难过而不愿提及的事情；或对方在风俗习惯、宗教信仰等方面的禁忌；在某些特定场合，如婚宴喜庆之时不提不吉利的话题等。

（五）坦诚

人们之间的交谈坦诚十分重要。坦诚的特点是自然、率真，发自内心的感情流露。真诚的言语能很好地沟通感情，消除别人的不信任，建立友谊。如果交谈时欲言又止、含糊其词，该承诺时敷衍推托，该表态时模棱两可，就会给人以虚伪、油滑之感，自然得不到别人的信任；而有时过分客套，反而显得虚情假意，招人猜疑。故而无论在什么口语交际情况下，都要言为心声，以诚相见。

（六）谦虚

在人际交往中，谦虚不仅是一种美德，也是一种风度。言谈谦虚可以表现在以下几种具体场合：与长者交谈，宜多用请教的口气；与客户交谈，应多用商讨的言辞；老同学见面，少宣传自己的成功与“发迹”……当做出成绩，得到领导表扬、朋友夸奖时，常用的方法是“融入集体法”，例如：“这些成绩与领导的支持和同志们的通力协作是分不开的。”当然，在一定的场合，面对表扬、赞美，也不妨用“相对肯定法”“转移对象法”“巧妙设喻法”等表达谦虚的方法。

知识链接

寒　暄

（一）什么是寒暄

寒暄是交谈的序幕，是会客中的开场白，它是为交谈做准备的。寒暄本指社交双方见面时谈天气寒暖的应酬话，后来就不限于谈天气了。作为口语表达的一种手段，它的基本作用是表明自己的友好态度。通过寒暄，有利于找到共同的话题，从而采取相应策略进行更深入的交谈，以达到联络感情、保持友好关系的目的。

（二）寒暄的类型

寒暄不是简单的打招呼，需要考虑时间、地点或场合不同以及对方的心理需求等因素而采取不同的用语和方式。常见的寒暄方式大体有以下六种。

1. 问候型

(1)表现礼貌的问候语。如“您好!”“早上好!”“新年好!”等。

(2)表现思念之情的问候语。如“好久不见,你近来怎样?”“多日不见,老师可想你们了!”等。

(3)表现对对方关心的问候语。如“你最近身体好吗?”“某某小朋友,刚才午睡睡得好吗?”等。

(4)表现友好态度的问候语。如“小朋友们,小长假期间,你们玩儿得开心吗?”等。

2. 言他型

“今天天气真好。”这类话也是日常生活中常用的一种寒暄方式,特别是陌生人之间见面,一时难以找到话题,这样说可以消除彼此间的尴尬。言他型寒暄是初次见面较好的寒暄形式。

3. 触景生情型

触景生情型是针对具体的交谈场景临时产生的问候语,例如,早晨在路上问:“早晨好,送孩子去幼儿园吗?”在食堂里问:“吃过了吗?”在图书馆或教室里问:“这么用功,还在读书啊?”触景生情型寒暄随口而来,自然得体。

4. 夸赞型

作为一个社会成员,都需要得到别人的肯定和承认、诚意和赞美,幼儿也不例外。例如:当班里的小朋友穿了一件新衣服,你可以用赞美的语言说:“×× 小朋友,你穿上这件连衣裙更加漂亮了!”

5. 攀认型

在人际交往中,只要彼此留意,就不难发现有时双方有着这样或那样的亲友关系,如同乡、同事、同学等。在初次见面时,寒暄攀认某种关系,一见如故,可能转化为建立交往、发展友谊的契机。

6. 敬慕型

如“久仰大名”“早就听说过您”等,这是对初次见面者尊重、仰慕、热情有礼的表现。

三、交谈的分类

交谈作为人们语言交流的基本形式之一，种类繁多，可以根据不同的标准进行分类。以下是常见的分类方式：

（一）按形式分类

以交谈的形式差异为分类标准，交谈可以分为两组相对的类型。

1. 主动性交谈和被动性交谈

主动性交谈是指谈话双方都有与对方交流的想法，都愿意向对方倾诉。这样的交谈不需要在如何启发对方开口方面花费精力，只要考虑如何准确完整地把自己的意思表述出来就行了。

被动性交谈是指交谈中有一方甚至双方出于某种原因，根本就懒于、畏于交谈，甚至从心底里不屑于与对方交谈而又不得不交谈。在这种情况下，交谈者必须能够努力调整与改变自己的心理状态，争取打开与对方情感联系的通道，激发对方参与交谈的主动性。

2. 单个交谈和群体交谈

单个交谈是指交谈双方各一个人的交谈。由于交谈者单一，故而其他构成因素也较简单，交谈双方只要把主要精力放在听与说上即可，不用过多考虑其他情况。

群体交谈是指交谈的双方或其中一方以多个人的群体形式出现。这时，语言交流形式比较复杂，除了要会听、会说还要考虑到环境因素，如色彩、光线、气味等因素的影响，这些因素对于交谈能否成功有着不同程度的影响力。

（二）按功能分类

以交谈的功能为分类标准，交谈可以分为非实用性交谈和实用性交谈两种类型。

1. 非实用性交谈

非实用性交谈是指无确定内容与目的的交谈。此类交谈无具体目标追求，以闲聊为形式，通过较为轻松的，甚至看似无内在逻辑的，只是应酬与问候的语言交流，最终实现与交流对象联络感情、融洽气氛、增进友谊的目的。它的目的主要不在于传递信息，而在于交流感情，如寒暄、聊天等。

2. 实用性交谈

实用性交谈则是内容具体、目的明确的对话，它具有鲜明的功能性。实用性交谈广泛应用于社会生活的各个方面，如交换意见、交流经验、安慰劝说、洽谈工作、切磋学问、调查采访、咨询问答及电话交谈等。

任务训练

一、思考并回答下列问题。

1. 什么是交谈？交谈有何特点？

2. 交谈的基本要求有哪些？

3. 举例说明交谈中文明礼貌的主要表现。

4. 交谈从形式上、功能上分为哪些类型？

二、阅读案例，说一说符合交谈的哪种基本要求。

有个向导很会说话，从未失礼过。一次，当他陪伴一位很有身份的法官打猎回来时，有人问他："法官的枪法如何？" 向导回答道："法官的枪法很好，只是今天，老天爷对飞鸟特别仁慈！"

三、根据下面的材料进行交谈练习。

1. 有两个小朋友在吃饭时发生了争执，把米饭和菜汤洒了一地，你准备从什么角度与小朋友交流并对他们进行教育呢？

2. 如果你遇到一个内向、不爱说话的人，你如何和他攀谈，打开他的话匣子？

3. 你很想买一台电脑，可是你的父母并不支持，你几次提起，他们都把话题岔开，你决定找他们认真地交谈一次。模拟这次交谈，尽量争取达到目的。

任务二

掌握交谈的技巧和方法

任务情境

一天，在幼儿园的午餐时间，孩子们非常吵闹，影响了用餐的氛围。这时，保育李老师并没有直接批评孩子们，而是用一种有趣的方式来吸引他们的注意："咦，我们教室里什么时候飞进来那么多小蜜蜂，嗡嗡嗡嗡的，多吵呀！我们快把它们请出去，别打扰我们吃饭了。"孩子们听了都笑了起来，随后便安静下来继续用餐。

情境中李老师运用了"趣化"的语言技巧，即通过形象、生动且富有趣味性的语言来与孩子们交谈。这样的语言不仅能够吸引孩子们的注意力，还能激发他们的兴趣，使他们在愉快的氛围中自觉、主动地学习。

知识支撑

一、交谈的技巧

交谈作为一种双向传输语言信息的交际活动，受到时间、场合、对象、交际方式的种种制约，具有发生的随机性、话题的转移性、时间的不定性、表达的口语性、应变的及时性等特点，掌握交谈的特点和技巧，讲究交谈的艺术，对于交谈的融洽、高效具有重要作用。

（一）恰当地提出话题

交谈一般是参与者的即兴对话，常常事先没有准备，有时难免会有“不知从何说起”的情况。提出话题常用的方法主要有三种。

1. 开门见山法

交谈一开始，就直截了当地从正面提出交谈的话题，表明交谈的目的，或提出要询问的问题，明确探讨的重点，很快“进入角色”，常用于咨询、联系工作等场合。使用这种方法的前提是事先选好对象，了解有关情况，并分析双方的关系，便于把握交谈的深浅。

2. 迂回切入法

交谈先不入正题，而是从对方关心、感兴趣的方面谈起，创设良好的气氛，然后再入题。这种方法可以消除对方戒心，缩短心理距离，将一些比较难于提出的话题放在比较愉快的氛围中轻松地提出来，谈话成功的可能性较大。在求助、劝谏时，常采用这种方法。

3. 引而不发法

有时遇到“敏感的话题”不便直接提出来，或对方不喜欢交谈时，可以用创设情境、“请君入瓮”的方法，或耐心地用与话题相关、相近甚至相反的题外话，启发对方提出话题。

（二）主动地控制话题

在一般的交谈中，交谈者可以随时提出自己感兴趣的话题，因而常常会出现话题随着交谈进行而自由转换的情况。即使事先做了限制，如果中途不加以控制，交谈也会没有中心。如果只是为了闲聊，倒也无所谓；如果是实用性交谈，是不会达到预期目的、使交谈成功的。控制话题的方法主要有三种。

1. 提醒法

发现对方偏离了话题，要提醒对方，阻止对方再说下去，把话题拉回中心话题。提醒对方的方法要因人而异。对年长者、位尊者，不可武断地打断对方说话，应用适当的手势或眼神作出暗示。对于平辈或相熟的人，可以有礼貌地表示。例如：

“请您停一下！”

“请允许我打断一下您的话，我们刚才的讨论还没说完呢。”

2. 重申法

交谈中转移话题，有时是由于说话者对中心话题的内涵与外延没有很好地理解与把握，或者由于受到别的话题或其他因素的干扰。这时，作为交谈的“主角”或会议的主持者，应寻找适当的时机，重申交谈的宗旨，对中心话题的重点、范围作必要的解释，最好用有针对性的提问，或用商讨的语气把话题“拉回来”。例如：

各位，今天我们讨论的主要是××问题，请大家围绕这个问题再深入进行讨论，希望能达成共识。至于其他问题，我们以后再安排时间商议。

3. 引导法

为了避免交谈东拉西扯、旁生枝蔓，交谈者要注意自己说话的“导向性”。一种是正向引导法，就是围绕中心话题，充分发表自己的看法，力求有深度、有新意，引起参与者对自己的发言高度重视，从而引导参与者作深入的讨论；另一种是逆向引导法，就是当发现其他交谈者对中心话题不关心、关注度降低时，可以故意提出相反的意见，甚至作出不合常理的分析，“一石激起千层浪”，重新激起参与者的兴奋情绪，在热烈的争论中，把话题引向深入。

（三）巧妙地转移话题

恰当地提出话题、主动地控制话题，是交谈成功的重要条件。但是，在某些情况下，也需要巧妙地转移话题。

1. 掌握时机

转移话题，掌握合适的时机很关键。当交谈双方就某个话题已经充分发表意见，而且已形成共识，达到了预期的目的时，就可以转换话题，换个轻松的话题聊聊；当计划中要讨论几个问题，而前一个问题已经有了结论时，就要及时转移话题，不要扯住一个话题不放；当有人提出了令参与者尴尬或者难以回答的问题时，也应该及时转移话题，摆脱窘境。

2. 谐音改口

这种方法就是巧借汉语中的同音字，改变话题的意思，常用于掩饰自己的失言。

3. 答非所问

这是交谈时回答对方提问的一种回避战术。从表面上看，似乎回答的内容没有脱离提问的范围，但实际上已经被巧妙地“偷换”了概念或故意违反了“同一律”，使对方无法得到预想的答案，也使自己摆脱被动的处境。

4. 歧解转意

人们在交谈中难免发生口误，而情势又不允许自己当场否认，这时，只要对话意作别出心裁的解释，就可以轻而易举地掩饰过去，有时还有“化腐朽为神奇”的妙用。

二、掌握交谈的方法

人们的交谈是按照一定的顺序进行的，交谈时谈者和听者双方互相配合才能使谈话顺利进行下去。交谈的过程包括交谈开始（启动阶段）、进入主题、结束交谈三个阶段。

（一）启动阶段

启动阶段是正式交谈之前的那一阶段，交谈的启动是交谈双方形成第一印象的关键时期，而第一印象对两个人关系的建立又起着很大的作用，所以一个好的启动阶段，是转入正题之前所必需的。那么怎样才能有一个好的启动阶段呢？

1. 树立自信心，克服胆怯、害羞心理

有些人一看到陌生人总是拘束无比、羞于启齿，说话可能会变得欲言又止、吞吞吐吐、话不成句或者声音太小，最后导致自己很尴尬，这都是缺乏自信的表现。所以不论跟什么人说话，都要做到声音洪亮、吐字清晰、表达流畅，只有这样才会给对方留下一个好的印象。

2. 用真诚和尊重的态度创造良好的谈话氛围

为人要和善、谦虚、有礼貌，无论跟什么人交谈，都要做到微笑应对，先礼貌问好，再适当称赞，然后再寻找话题。比如初次见面说“您好”，客人来到说“欢迎”，好久不见说“久违”，求人解答说“请教”，看望别人说“拜访”，麻烦别人说“拜托”，表示礼让说“您先请”，征求意见说“请指教”，表示答谢说“谢谢”，等等。

3. 寻找双方的共同话题，调动双方谈话的积极性

和陌生人在一起交谈，经常会遇到冷场这种尴尬的局面，这主要是双方找不到共同话题而导致的，好的话题是初步交谈的媒介、深入细谈的基础、开怀畅谈的开端。一旦找到共同的话题，就能使谈话融洽自如。

4. 使用日常生活的平常话，是启动交谈的最佳途径

平常话指的是一些开放式的话题，比如天气、籍贯、兴趣、衣着、职业以及最近大家都关心的一些重大新闻、称赞对方的话等。谈话双方要先利用这些开放式的话题来观察、了解对方，从中寻找相同点，这个相同点就是彼此间的共同话题。有了共同话题，交谈就可以顺利地进行下去，转入正题。

（二）进入主题

有了一个好的开始，顺利地打开了话题，解除了冷场的尴尬局面，就应该及时地进入主题。如果启动阶段的一些平常话说得太多，对方就会觉得很无聊。常用的进入主题的方法如下。

1. 因势利导

为了防止对方感到内容来得太突然，先从与主题有关的小事谈起，然后因势利导，循循善诱，逐渐把交谈引入正题。因势利导大多被用在一些比较正式的或比较重要的交谈上面，如教育对方、批评对方、和对方进行思想交流等。

2. 提问

提问可以把对方的思路适时地引导到某个话题上来，同时还能打破冷场，避免僵局。这种方法是日常生活中和他人进行交际活动时转入正题最常用的一种方法。但提问式方法需要注意的是：问的问题不要太过于复杂或太专业化；也不要询问对方的隐私，比如家庭住址、财产情况等；更不要像发炮弹一样地问一连串的问题，应该问一个等对方回答完再问另一个。

3. 暗示

在交谈中，常常出现这种现象：对方谈话偏离了主题，而自己的时间有限或对对方额外的内容没多大兴趣，希望对方回到主题说正事。这个时候，就可以采用暗示的方法。这种方法常常被用在工作交际上，比如洽谈合作、商讨文件、讨论工作等。这种暗示可以是在适当的时候插入简短的与正题相关的话提示对方，也可以是展示与正题相关的物品暗示对方。

（三）结束交谈

1. 把握时机，见好就收

当双方的交谈接近尾声时，比如说交谈目的基本达到，这时就要抓住双方交谈最融洽的时机结束交谈。普通场合的谈话，比如做思想工作、教育批评、登门拜访，应该保持在30分钟以内，最长不得超过1小时，否则会使对方失去耐性，从而变得焦躁不安。

2. 言简意赅，重复主题

一些谈话到最后双方还没有达成完全的共识，那么可以在最后简明扼要地重复一下主题，起到提醒的作用，从而加深对方的印象，引起对方的重视。例如：去托人办事情，最后临走时往往会说一句“我这事，还请您多费心”。这就是言简意赅，重复主题。

3. 勿忘询问，客气结束

在交谈结束时，尤其是和朋友交流感情，最后不要忘记询问对方以后的打算等，表达自己对对方的关心，深化两人的感情。在和同事、领导、家长交流时，最后一定要注意应有的礼节，例如：“您费心了！”“给您添麻烦了！”“实在是太感谢了！”“以后常过来玩！”“时间不早了，就不打扰了！”等，从而给对方留下美好的印象，方便下次的交谈。

4. 正式交谈，做好笔记

正式的专业性的交谈，不要忘记带上一个本子和一支笔，做好记录。比如开会、交流工作经验等。如果在一对一的交谈中需要边谈边记，一定要先向对方作出必要的解释，以免对方误会或紧张。做好笔记主要是便于以后查询，同时也能表现出对这次交谈的重视。

知识链接

交谈中的不良习惯

（1）不注意倾听，自己高谈阔论。

（2）问太多问题。

（3）语速过快，吐字不清晰。

（4）喃喃自语，吞吞吐吐，含糊其词，让人迷惑不解。

（5）贸然打断别人，扰乱别人思路。

（6）争论谁对谁错，面红耳赤。

（7）谈论与环境不合适的主题。

（8）不积极主动，总等待他人发问。

（9）态度傲慢，目中无人。

（10）不假思索，轻率下结论，让别人不敢苟同。

（11）不适当地强调与主题无关的内容，让人弄不清谈话的主题。

任务训练

一、思考并回答下列问题。

1. 交谈的技巧包括几个方面？

2. 举例说明如何巧妙地转移话题。

3. 交谈过程一般可以分为哪几个阶段？

4. 交谈时将话题转入主题中有哪几种常用方法？

二、阅读下列案例，试分析评价说话人的交谈技巧及效果

1. 演讲家李某一次演讲后，一位青年特地去登门，说自己不听说教。李某微笑着问他："那你希望什么？"青年说："我别无所求，只希望人与人之间不要尔虞我诈，说远一点，希望世界大同。"李某又问："你知道古今中外希望世界大同的有哪些著名人物吗？"青年摇摇头。李某从孔夫子谈到孙中山……，"但是，谁也没有拿出灵丹妙药，还是那个白头发、大胡子的有办法，他就是马克思！"接着，又谈到马克思主义的产生，谈到马克思一生的"两大重要发现"，侃侃而谈，娓娓动听。正当青年听得入迷时，李某话锋一转，含笑问道："谁说你不听说教？"青年不好意思地笑了。

2. 1945年，好友宴请张大千和梅兰芳。宴会开始前，有人请张大千坐首座，也有人请梅兰芳坐首座，使得场面有些尴尬。张大千说："梅先生是君子，我是小人，我怎么能坐首座呢？"梅兰芳和众人都不解其意，对他的话充满了疑问。张大千解释说："不是有句话说'君子动口，小人动手'吗？梅先生唱戏是动口，我作画是动手，所以理所当然该请梅君坐首座。"满堂来宾为之大笑，并请他俩并排坐首座。

三、阅读下列对话案例，试分析评价哪一个人的交谈比较成功，为什么？

有个小朋友吃香蕉时把皮丢在地上。

1. 教师A："是谁把香蕉皮丢在地上的？是想让人踩在上面栽个大跟头吗？"

小朋友：（没人敢吱声）

教师A："谁丢的？站出来！"

小朋友:(你看看我,我看看你)

2.教师B:“地上丢的是什么呀?”

小朋友:“香蕉皮(齐声)。”

教师B:“香蕉皮是软的,丢在地上,人踩上去会怎么样啊?”

小朋友:“会跌倒的(齐声)。”

教师B:“小朋友们说得对,我们小朋友都是讲卫生的孩子,恐怕是香蕉太好吃了,一下子忘了把香蕉皮丢进垃圾桶里了吧?现在这位小朋友想起了吗?来,我们把它捡起来,丢进垃圾桶里。”

小强:“(不好意思地走过去,捡起了香蕉皮)老师,是我忘了。”

教师B:“(轻轻抚摸小强的头)以后可别忘了,其他的小朋友也都别忘了啊!”

模块三

应用训练

项目六

保育师职业用语

学习目标

❶ 掌握保育师职业用语的表达技巧。

❷ 能根据幼儿园保育工作情境，初步学会运用保育师职业用语。

任务一

认识保育师职业用语

任务情境

午睡前，某幼儿园中班的保育师对幼儿说：“孩子们，今天我们变成哪种小动物去睡觉呢？（幼儿们七嘴八舌，最后确定变成“小蛇”）好！我们就变成小蛇吧，记得哦，走路要轻轻的，不能让隔壁的哥哥姐姐听到哦！到睡房我还要看看，哪条小蛇能很快地钻到自己的被子里。”接着，这位保育师带着幼儿学着蛇的样子，嘴里轻轻地发出“嘶——”的声音，悄悄地来到睡房。

保育师用游戏的口吻，引导幼儿愉快地去午睡。语言富有情趣，充分尊重幼儿意愿，巧妙地提出要求，引导幼儿明确午睡的要求。

知识支撑

保育师职业用语是保育师进行幼儿园一日生活保育工作中的用语，要求用标准的或比较标准的普通话表达，且要符合幼儿园保教工作要求的教师专业用语。保育师职业用语主要是口语形式，主要包括与幼儿的沟通用语、与家长的沟通用语等，保育师职业用语与一般口语息息相关。

一、保育师职业用语与一般口语的关系

1. 一般口语是保育师职业用语的基础

一般口语，是人们在各种语言环境中，根据需要以独白或对话形式进行的言语表达。保育师职业用语，也要遵循着一般口语表达的基本要求。

2. 保育师职业用语是一般口语的提高和专业化

保育师职业用语和其他行业用语如司法用语、外交用语等一样，都属于一般口语的行业延伸和应用，但由于幼儿教育对象的特殊性、幼儿园教育环境的特定性以及幼儿教育的重要性，使得保育师职业用语又具有独特之处。

二、保育师职业用语的特点

1. 规范准确，通俗易懂

保育师职业用语，首先要做到发音清晰、准确，语速适中，不使用方言和生僻词；其次要做到坚持使用积极、正面的语言，运用恰当的词语，表达通顺的句子，保证让幼儿能够听懂并理解说话的意思。保育师语言是否规范会对幼儿产生潜移默化的影响。比如组织幼儿吃饭时说："请小朋友们把自己的小椅子搬到餐桌前面，然后大家去上厕所，洗手后再回到座位上吃饭；吃饭的时候要做到不讲话、不挑食，别把食物撒在桌子上和地上。"在组织收拾玩教具时说："请小朋友一个跟着一个把手中的小摇铃放在盒子里面。"

2. 具体鲜明，有针对性

幼儿的思维以具体形象思维为主，想象力丰富，他们主要通过感官比如视觉、听觉等来认识事物。因此，保育师对幼儿说话要具体鲜明、有针对性，可以多选用拟声、摹色词语，并使用比喻、拟人、夸张等修辞方法。

例如：午餐时保育师张老师发现很多幼儿都不喜欢吃蔬菜，经常把肉吃光就说吃饱了。于是她和幼儿说："蔬菜有很多营养，我们多吃蔬菜才能对身体好呢！"萌萌问："有什么营养啊？"张老师回答说："就像我们常吃的西红柿，里面藏着很多维生素，能让我们的皮肤变得白白的，胡萝卜能让我们的眼睛变得亮亮的，而洋葱能帮助我们杀死身体里的小病菌，这样我们就不爱生病了。这个黑黑的木耳就像吸尘器一样，它能清除我们身体里的灰尘，我们就不容易经常咳嗽了。你们说，这些蔬菜

是不是很有用啊？”幼儿听了张老师说的话都使劲地点着头说：“原来蔬菜这么有用、这么厉害啊！”随后便开始大口大口地吃了起来。

3. 富有情趣，语言儿童化

幼儿由于生活经验少，词汇贫乏，掌握的句式也较简单，因此保育师的职业用语要贴近幼儿生活，符合幼儿的心理特征，寓教于乐，富有情趣，使用他们所能理解和接受的语言。

例如：饭后组织幼儿在走廊散步，教师说：“宝宝们，我们来模仿小司机开火车好吗？”“谁想来当火车头？”幼儿都跃跃欲试，教师又说：“那谁想来当小乘客呢？”等待幼儿顺利排好队后，教师说：“小朋友们要一个搭着一个小朋友的肩膀，防止我们的‘小火车’断开。”“呜——开车了”，就这样在教师的引导下幼儿开始有秩序地散步。

4. 体现差异，有教育意义

保育师要注意根据不同的教育内容、交际对象、交际环境及交际目的，灵活地体现职业用语的差异性和教育性。主要体现在针对不同年龄、不同个性幼儿的特点，用恰当的话语与他们沟通，以达到良好的教育效果。

例如：幼儿把玩具娃娃摔在地上，教师对性格外向幼儿可说：“豆豆，你把娃娃摔坏了，大家都不能玩儿了，请你今天带回家，想办法去修好它，再带回来。”教师对性格内向幼儿可说：“妞妞，你刚才摔了娃娃，可能娃娃都疼了，她真可怜，都哭不出来，你去轻轻地对她道歉吧，我们再一起看看，怎样才能修好它，下次还可以和她一起玩儿，好吗？”

外向的孩子，他们大多争强好胜、适应性强、思维灵活，但做事马虎、任性、爱发脾气。因此，对他们说话要具体明确，态度严肃，语气肯定。内向的孩子，情感细腻、胆小、不善于表达，对他们说话时要语调柔和，语气委婉。

知识链接

根据《中华人民共和国教师法》制定的《幼儿园教师专业标准（试行）》从专业理念与师德、专业知识、专业能力三个方面对幼儿教师提出了工作规范，同时也对幼儿教师职业用语提出了相应的要求。

其中在“幼儿保育和教育的态度与行为”中的第十四条提到幼儿

教师要“重视自身日常态度言行对幼儿发展的重要影响与作用”；幼儿教师的“个人修养与行为”方面要求幼儿教师要“衣着整洁得体，语言规范健康，举止文明礼貌”；幼儿教师的“沟通与合作”方面要求幼儿教师要“使用符合幼儿年龄特点的语言进行保教工作”“善于倾听、和蔼可亲，与幼儿进行有效沟通”“与家长进行有效沟通合作，共同促进幼儿发展”；“幼儿保育和教育知识”方面要求幼儿教师要“掌握观察、谈话、记录等了解幼儿的基本方法”。

任务训练

一、思考并回答下列问题。

1. 保育师职业用语的含义。

2. 简述保育师职业用语与一般口语的关系。

二、结合下面材料，回答相关问题。

1. 比较分析改编前后的语言，说明改编后的语言具有哪些特点。

改编前：蔚蓝的天空，万里无云。一条河流从卵石中间潺潺流过，卵石清晰可见，河边端坐一位长者，面庞清瘦，精神矍铄，目光炯炯有神……

改编后：看，这天可真蓝啊，一点儿云彩也没有。有一条小河哗哗地流着，这水可清可亮啦，里面有好多圆圆的石头，看得清清楚楚的。河边还坐着一位老爷爷，他长得有点儿瘦，可是他坐得直直的，两只眼睛可有精神啦！

2. 结合下面教育情境，评析保育师的语言特点。

案例一：户外散步时，保育师为了配合幼儿教师进一步巩固幼儿对“方位”的认识，引导幼儿观察时说：“孩子们，抬头看看，你的上面有什么？”引导幼儿说出：“我的上面有天空，我还看到了大树……”再引导说：“再看看你的脚下有什么？”引导幼儿说出：“我的脚下有马路、小草、小石子……”

案例二：下雨了，有位小朋友拉着保育师张老师问：“雨是什么？”张老师是这样描述的：“小朋友，雨是自然界的现象，是从云层中降到地面的水。也就是说，冷水遇到热后变成水蒸气，蒸发到天上，这蒸汽遇冷便凝结在一起，然后降落到地面。”

三、用儿童化的表达方法，向幼儿描述下列物体或现象。

1. 打雷；2. 西瓜；3. 月亮；4. 马。

任务二

掌握保育师职业用语的表达技巧

任务情境

午睡前，某幼儿园中一班的孩子们特别兴奋，叽叽喳喳地说个不停。保育陈老师走了进来，看到此情景，她把手指放在嘴上，对着孩子们"嘘"了好长一声，然后轻轻地走到一个小朋友跟前，抚摸了一下他的头，贴在他耳边，说了一句悄悄话，他笑眯眯地闭上了眼睛。

一个爱抚的动作、一句温暖的话语，会使幼儿感受到教师对自己的爱。作为一名幼儿保教工作者，面对着一群稚嫩的幼儿，在教育过程中，需要运用恰当的表达技巧来处理不同的教育情境。

知识支撑

保育师职业用语的表达技巧如下。

一、调节音量

恰当的音量，是保育师在集体或个别教育活动中的基本保证。在幼儿园一日生活中，教师的音量要根据情况随时进行调节，要求做到以下两点。

1. 音量适中

在集体教育活动中，以中音区发音为主，音量应让最后一排幼儿听清，又不使前排的幼儿感到震耳。

在个别保教活动中，保育师要根据实际情况，运用恰当的音量进行干预。

例如：在区角活动时，两个幼儿因为抢玩具发生了争执，有大打出手之势，这时保育师恰在远处看到了，立即大声呵斥："你们俩在干什么？是不是不想玩了？"这时，所有的幼儿都停下了手中的活动，看着那两个小朋友。

针对这两个幼儿之间的个别行为，该保育师在全班幼儿面前"大声呵斥"，发出这种过高过大的声音，从心理学上说是人在应激情境中的本能反应。但作为一名幼儿保教工作者，需要时时处处保持清醒的头脑，镇定而且敏捷地处理突发事件。此时，教师应快速地走到两个幼儿面前，用不干扰其他幼儿正常活动的音量去了解情况，协助幼儿处理问题。

因此，保育师对幼儿说话时，音量不宜过大过高。音量过大，幼儿会感到突然、恐慌；音量过高，幼儿会听不清楚。当然音量也不宜过小过低，要做到音量适中，因此教师要克服声音虚化、弱化、字尾消失等归音不到位的问题，使自己的发音高而不噪，低而不虚。

2. 音量要富于变化

基于幼儿的年龄特点，要求保育师在幼儿园一日生活教育活动中，音量要根据情境富有变化，显示口语表达的层次和情态，以调整幼儿的注意力，达到良好的教育效果。

例如：当组织幼儿户外活动时，保育师的音量一般会比较大，目的是吸引幼儿注意力，"宝宝们，小火车就要开车了，请我们的小车箱排好队准备出发吧！"而到了午睡时间，保育师组织幼儿进入寝室后，会用轻柔的声音告诉幼儿："现在是午睡时间了，请宝宝们闭上小眼睛。"随后保育师还可以用很轻的声音给幼儿讲个短小的睡前故事，讲故事的声音逐渐变小。

二、变换音色

幼儿保教工作中，常常需要教师模拟不同类型的人、不同动物或自然界的各种声音，需要教师用不同的腔调表现喜怒哀乐等情绪色彩。因此，教师要运用音色的变化，达到拟声拟情的效果，使幼儿听起来有身临其境之感，激发幼儿参与活动的热情，培养幼儿关注周围事物的情感。

例如：在活动开始前，幼儿还没有进入状态。于是，保育师说："宝贝们，你们快看是谁来我们班做客啦？"随即拿出准备好的小兔子玩偶，模仿小兔子的声音细声地说："小朋友，你们好啊！今天我和我的好朋友来和你们一起玩，你们猜猜谁来啦？"然后模仿大象走路的样子和声音闷声地说："小朋友们，你们好啊！请你们猜猜我是谁？"

用不断变换的声音模仿各种动物，吸引幼儿的注意力，引发幼儿积极参与活动的兴趣，使活动顺利进行。

知识链接

胸腹联合式呼吸

胸腹联合式呼吸可以使胸腹协调活动，增强呼吸的深度和力度，有利于控制音量和音色，因此，是一种比较科学的言语呼吸方式。其呼吸要领如下。

姿势：两端平，头、颈、腰三点一线，眼睛平视，全身放松。

吸气：以鼻为主，快而轻柔，扩展胸腔，腹肌收缩，气息内敛，沉聚丹田。

呼气：均匀平缓，收紧小腹，控制声门，让气流缓缓呼出。

吸气呼气之时，可手抚腹部，感受控制气流的过程。

三、妙用修辞

师者"传道、授业、解惑"的职业特性及幼儿阶段教育的特殊性，要求保育师不仅"说得对、说得准、说得清楚"，还要在恰当的场合妙用修辞，使其"说得有意思、说得有意义"，从而使保育师职业口语表达浅显易懂，生趣盎然。在保育师的职业口语中，常用的修辞有比喻、比拟、反复、对比、夸张等。

例如：幼儿经常会在洗手时玩香皂，弄得到处都是水或泡沫。这天，好几个幼儿又在使劲捏着香皂，保育师走进卫生间说："宝宝们，小香皂都被你们捏疼了，它都哭了。""没有啊，你怎么知道？""你们看，香皂被你们捏瘦了，身体都变小、变形了，它肯定会疼的啊！"听了保育师的话，幼儿纷纷说："那咱们还是别捏它了，不让小香皂疼了。"

当保育师发现问题后，采用拟人的修辞方法向幼儿表达洗手时的规范，既达到了教育目的，又可以使幼儿感同身受地接受保育师的要求。

四、巧配态势语

在幼儿园保教工作中，保育师除了运用有声语言外，常常以各种姿势、动作、表情来辅助教育教学工作。这些用以帮助表情达意的姿势、动作、表情，我们称之为态势语，主要包括身姿语、手势语、表情语等，被广泛运用于幼儿园保教活动中。

1. 态势语在幼儿园日常保教中的运用

态势语在幼儿保教中非常重要。一方面幼儿的思维特点以具体形象为主，幼儿对动作比语言更容易理解。保育师温和的表情、适度的体态等更能表达对幼儿的尊重、欣赏、关心和肯定。另一方面，幼儿也需要与教师的身体接触。心理学实验证明，身体肌肤的接触有利于安定幼儿的情绪，让幼儿感到温暖、安全、亲切，消除紧张。相反，冷漠的态度、傲慢的眼神表情和不当的肢体动作会使幼儿与教师产生距离感，甚至会伤害幼儿身心的健康发展。

例如：面对一个因家长的离开而哇哇大哭的幼儿，保育师一个温暖的拥抱，远比跟他讲"乖，爸爸要上班，要做个懂事的孩子"等大道理更容易让幼儿安定下来。

再如：一天下午，班级离园前户外活动，实习教师让幼儿捡小石子，放在区域活动角里，留着做石子贴画。小美捡得不多。放学后，爷爷接她，她和爷爷说今天下午石子捡得少了些，要再捡一些明天带到幼儿园去交给老师。第二天，小美兴高采烈地来到幼儿园，与实习教师展开如下对话：

小美："老师，我昨天在放学回家的路上又捡了一些石子，你看好多呀！"

实习老师：（眼睛轻扫一眼石子，翻个白眼）"昨天你怎么不捡呢，今天也没让你捡啊，你还带来了。"（说完没理幼儿，转身干别的去了）

小美：（说不出话来，脸上激动的笑容顿时没有了，委屈地看着手里的石子，马上要哭了）

实习老师:(见到孩子要哭)"行行行,那你赶紧该放哪放哪去吧。"

这时候,保育张老师快步走到小美身边,蹲下身子和小美开始说话。

张老师:"小美,你怎么捡这么多漂亮的小石子呀,都是你自己捡的吗?"

小美:(听到张老师夸她捡的多,情绪有所好转)"老师,是我和爷爷一起捡的。"

张老师:"你是在哪儿捡的呀?真好看,快让老师看看。"

小美:"老师,我是在回家的路边捡的。幼儿园里的石子太少了,又不好看,我想找些好看的带过来,你看,它们是不是很好看呀?"

张老师:(从孩子手里小心翼翼地接过石子,仔细地观看着)"嗯,真的是非常好看,各种形状、大小都有呢!"

小美:(脸上露出了自豪的笑容)

张老师:(竖起大拇指)"小美真棒呀!老师特别喜欢你捡的这些小石子。"

小美:(高兴得手舞足蹈起来)"嗯,老师,我也特别喜欢。"

张老师:(把小石子交给小美,轻轻地拍了拍她的肩膀)"那现在请你把这些小石子放在区域角它们的家里吧!"

小美:"嗯,好的。"(高兴地蹦蹦跳跳地放好了小石子)

保育师冷漠的表情、不耐烦的语言,会极大伤害幼儿的自尊心,保育张老师及时出现并运用了恰当的态势语,扭转了幼儿委屈低落的情绪,这是爱的体现,更是成熟表达技巧和教育智慧的完美结合。

2. 保育师使用态势语注意事项

(1)要由衷地看着幼儿微笑。通过微笑,表达对幼儿的欢迎、接纳、支持、关心等情感,让保育师的爱变成具体动作。比如,晨间接待时,保育师远远看到来园的幼儿,就报以微笑,犹如保育师张开双臂在欢迎、拥抱幼儿;在活动中,对自卑、胆怯的幼儿微笑,会让他们体验被接纳的愉悦感。

(2)要用眼睛表达对幼儿的关注。眼睛是心灵的窗户,保育师往往"用眼睛来说话",达到与幼儿沟通和促进活动顺利进行的目的。

例如:童童是个胆子很小的女孩,刚入园时不会主动与老师说话,于是老师就会经常在教育活动和一日生活的各个环节中去主动注意她的目光,当她看向老师时,老师对她流露出亲切、欣赏的笑容。一段时间后,老师再与她沟通时,她就不像开始时对老师有那么强的陌生感和距离感,而是能试着和老师聊聊有意思的事情了。

有些胆小怯懦的幼儿，不会主动和教师进行沟通，而教师在无意间对幼儿的眼神关注或者是一次会心的微笑，都会给这类幼儿一点鼓励，当教师再与他们进行沟通时，他们能更勇敢地和教师说话，放下心中的胆怯。

（3）要蹲下来和幼儿说话。保育师蹲下来的不只是身体，心理上也要“蹲下来”，有时为了需要甚至要趴下来，这样才真正做到“尊重幼儿”。

例如：在一日生活中，两位老师的不同做法。

皮皮抢小朋友的拼插玩具。保育李老师（用一根手指指着皮皮）说：“你怎么总抢东西呢？咱们班就你最霸道（瞪眼睛），一点都不听话！”

保育王老师（蹲下来，用手轻抚着孩子的后背）说：“如果小朋友们都喜欢这个拼插玩具，我们可以一起玩，大家一起来动脑筋，老师相信在你们的共同配合下，一定能拼出更多更好的作品，要不要试试看呢！”随后教师也参与到活动中与幼儿一起玩拼插游戏。

用手指着幼儿说话，会给幼儿“老师不喜欢我”的心理暗示，也会使保育师下意识地采用批评指责的口吻，容易伤害孩子自尊心。而轻抚着幼儿的后背，会给幼儿一种安心和被接纳的感觉，同时也会提醒自己要用商量和尊重幼儿的口吻来进行教育。

（4）坐着与幼儿沟通时要保持距离，注意位置。保育师与幼儿坐着谈话时，要注意保持距离，位置要适当。一般要斜对着或并排坐着与幼儿说话，朝同一方向，这样使幼儿感到轻松自然，没有压力；与幼儿说话的距离要适当，与幼儿单独说话，距离一般不超过一尺。

任务训练

一、思考并回答下列问题。

1. 保育师职业用语的表达技巧有哪些？

2. 举例说明在幼儿园一日生活中巧妙运用态势语的重要性。

二、根据提示，运用恰当的表达技巧朗读下面作品。

红 线 球

妙，妙，（音量中）
小花猫在厅里上下跳，（声音欢快，可带动作）

女主人坐在藤椅把毛衣打,(轻松、安详的感觉)
暖暖的太阳窗口照,
细风微微,绿叶摇晃。(声音轻柔,尾音荡漾)

妙,妙,
小花猫在地上翻滚忙,
红线球溜溜地慢来到,(声音缓慢)
小花猫好奇地瞪着眼,(瞪起眼睛,突出“好奇”两个字)
左右端详细思量。(音量渐慢渐弱)

前爪一挨,球挪动,(试探性语气)
挪一挪,再跟上,(音量强,有动态感)
一步一步到椅下。

女主人微笑抱起猫,(音量适中,带笑音)
放入怀中捋顺毛,(音量弱,缓慢抒情的语气)
红线球收到小袋中,
窗外的小鸟鸣声高。(欢快、洋溢的语气)

三、请为下面的儿童作品设计态势语,并运用表达技巧在班级模拟讲述。

坐　火　车

柯岩

小板凳,摆一排,
小朋友们坐上来。
我们的火车跑得快,
我当司机把车开。
(轰隆隆隆,轰隆隆隆,呜!呜!)
抱娃娃的靠窗坐,
牵小熊的往后挪。
皮球积木都摆好,
大家坐稳就开车!

（轰隆隆隆，轰隆隆隆，呜！呜！）
穿大山，过大河，
火车跑遍全中国，
大站小站我都停，
注意车站别下错。
（轰隆隆隆，轰隆隆隆，呜！呜！）
哎呀呀，怎么啦，
我们一个也不下？
收票了，下去吧，
让别人坐坐吧。
（轰隆隆隆，轰隆隆隆，呜！呜！）

任务三

正确使用幼儿教育指导用语

任务情境

天天是个精力旺盛的男孩儿，有一天他很早来到幼儿园，看见实习老师正在拖地，他跑过去抢着要帮忙。这时，洋洋小朋友也来了，刚一进门不小心踩到了一个玻璃球，差点儿摔了一跤，洋洋滑稽的样子引来了天天一阵大笑。实习老师赶紧把玻璃球收了起来。天天趁实习老师不注意，把那个玻璃球又悄悄地放在了门口，等着进门的小朋友出丑……这一切被旁边的保育师看在眼里。为此，保育师对全班幼儿说了一段话："今天有个小朋友，第一个来到幼儿园，还帮实习老师拖地呢！他就是天天。不过早上也发生了一件危险的事，洋洋小朋友踩到了玻璃球，差点儿摔一个大跟头！（拿出玻璃球）我请天天帮老师看好它，把它放在一个安全的地方吧！（小心翼翼地递给了天天，神情很认真地）请看好它，不能再让它落在地上了。"

面对偶发事件，这位保育师凭借敏锐的眼光和智慧的语言，进行了恰当的言语干预，既肯定了幼儿的优良品质，又巧妙地进行了教育。

知识支撑

保育师同样作为教育者的角色，每天都会面临着不同的教育情境，幼儿正处于接受启蒙教育时期，需要老师用合适的言语去引导，这对于帮助他们初步确立道德观念、培养良好的道德情感、形成良好的行为习惯、健康地成长具有极为重要的意义。我们把这种“在对幼儿进行日常行为规范教育、引导幼儿树立正确是非观的过程中使用的具有说服力和感染力的语言”称之为“教育指导用语”，又称“教育口语”。

一、教育指导用语的特点

（一）语言浅显，表意明晰

对幼儿进行教育，要遵循幼儿的认知特点，努力做到直观、形象、具体，这样容易被幼儿理解和接受。

例如：在带领幼儿户外自由活动时，保育师和小朋友们说：“请我们中二班的小朋友玩滑梯的时候要互相谦让，一个一个上，一个一个下，不挤别人、不推别人，不能倒着爬滑梯，注意安全。”

幼儿年龄小，理解能力弱，保育师用具体、清楚的话语提出游戏时的要求，有利于幼儿很快接受。

（二）因人而异，有的放矢

保育师要把握班级每个幼儿的个性特征，尊重他们的个性，做到“一把钥匙开一把锁”，这是提高教育成效的必要前提。同时还要择机而言，反复强化。具体做法：一是选择合适的时机进行教育，如果他正在大哭大闹，此时讲道理是无济于事的；二是反复强化，对于幼儿不良行为纠正，教师要有耐心，不能期望说一遍即可奏效。

例如：大三班有个叫宣宣的小朋友特别不爱喝水，无论家里人怎么劝都没有效果，最近气候干燥，孩子的小嘴都干得裂了口。班级的保育陈老师知道这个状况后想了一个好办法。

陈老师在户外活动时将宣宣单独领到种植区边看边说："宣宣你看，咱们前些天种的西红柿苗好像不舒服，都耷拉脑袋了，它们这是怎么了？"宣宣看了看说："老师，咱们好几天都没给西红柿苗浇水了吧，你看土地都裂缝了，它一定是渴了，缺水了，咱们快点给它浇点水吧。"陈老师说："宣宣，这个任务老师想交给你好吗？你愿意每天来给它浇水吗？"宣宣一脸高兴地说："太好了，我愿意。"从那以后宣宣每天来幼儿园的第一件事情就是给西红柿苗浇水。一周后，西红柿苗经过宣宣的精心照顾，变得挺拔起来，有几株都开花了。一天，陈老师邀请全班小朋友去种植区参观，说："小朋友们，你们看我们种的西红柿苗开花了，这真是多亏了宣宣小朋友，前段时间小苗缺水，宣宣每天为它浇水，它才能长得这么快这么好，让我们一起为宣宣鼓鼓掌吧，感谢他对西红柿苗的照顾。"随后陈老师接着说："西红柿苗今天也想和宣宣说几句悄悄话。"于是，陈老师走到宣宣面前蹲下来，悄悄地在他耳边说："西红柿苗也很心疼你，说你每天都在想着给它浇水，自己却忘记了喝水，看你的小嘴巴干得出裂口快流血了，它很难过，它希望你能和它 -样，每天多喝水，健健康康、快快长大。"宣宣听了高兴地说："老师，我现在就喝，我要和西红柿苗一样多多喝水。"宣宣回到教室后拿起水杯就大口大口地喝起来。

保育师巧妙创设教育情境，在一日生活轻松的氛围中，通过形象生动的语言让他们懂得浅显的道理。

（三）委婉亲切，随机切入

对于幼儿的"合理性错误"，教师要耐心地帮助幼儿，态度要委婉亲切，在尊重幼儿的基础上，帮助幼儿正确地认识到错误言行。保育师要善于抓住教育中的有利契机，用语言积极引导幼儿，将会起到意想不到的教育效果。

比如在进餐前，保育师可以面向全体幼儿介绍这一餐吃什么食物，也可以尝试让幼儿看着食物自己说出名称、味道、颜色和有什么营养，一方面能激发幼儿吃饭的兴趣，增进食欲；另一方面也可以通过进餐活动丰富幼儿知识。

例如：今天下午的小食是吃饼干，保育师给幼儿发完饼干后问道："小朋友，请你们看一看手中的饼干是什么形状的？"幼儿大声回答："圆形的。"教师拿起一块饼干说："这圆圆的饼干像你们平时看到的什么呢？"大家纷纷抢着回答："像气球、像太阳、像地球、像泡泡、像西瓜、像锅、像碗、像扣子……"

在生活活动中，保育师随机的语言切入，会引发幼儿的思考和想象，使其在轻松愉快的气氛中，将生活中的事物与原有知识经验相联系，通过自身的观察和体验获得认识，表达感受，积累经验。

（四）巧妙移情，感知是非

教育的过程应是理性的启迪、感情的交流并引起深刻共鸣的过程。对幼儿说话，要善于调动他们的情感体验，运用移情让他们换位思考，感知是非。

例如：活动区内，幼儿在自主玩着拼插玩具，很多幼儿把玩具扔到地上也不去捡。活动结束后，保育李老师故意拿出几块掉在地上的玩具说：“这些玩具怎么了？”幼儿七嘴八舌地说：“被豆豆扔地上了”“壮壮还踩了一脚”。保育师说：“这些玩具没有回到自己的家里，变得孤零零的了，这可怎么办啊？”幼儿纷纷说：“我们应该把他们送回家，不再让它们孤零零的了！”

保育师利用移情，使幼儿能换位思考，体验玩具被扔在地上“回不了家的痛苦”，从而感知是非，并对幼儿的不当行为进行纠正。

（五）富有童趣，形象生动

富有童趣、形象生动的教师指导用语更受幼儿的欢迎，教育效果更好。

例如：小班幼儿养成良好的饮水习惯很重要，保育李老师在指导幼儿喝水的时候，根据幼儿特点创编了一首儿歌，引导幼儿喜欢喝水。“小水杯，手中拿，排好队，喝水啦，你一杯，我一杯，全部喝完不浪费。”教师用富有童趣的儿歌使幼儿体验喝水的乐趣，让幼儿在愉快的情绪中听从保育师的指令。

二、教育指导用语的类别

幼儿园保教情境多种多样，因此教育指导用语形式亦呈多样性。常见的教育指导用语主要包括表扬语、批评语和疏导语等。

（一）表扬语

1. 表扬语的含义及作用

表扬语是保育师对幼儿良好的思想行为加以肯定和鼓励的话语。表扬是幼儿园教育常用的一种教育方式，也是一种有效的教育方法。恰当的表扬语能调动幼儿自身的积极因素，发扬其优点，激励其上进，使之健康成长。保育师在表扬幼儿时，若能恰当地辅以微笑、点头、抚摸等动作，会使幼儿感到温暖、关爱和信任。

2. 表扬语的使用要求

(1) 表扬语要善于发现幼儿的“闪光点”。保育师要具备发现幼儿身上一“闪”而过的亮点，及时地予以表扬的能力。

例如：佳佳是新来园的幼儿，天天都哭着来幼儿园。今天早上接待时，老师发现佳佳没有哭，下面是老师和佳佳的一段对话。

老师：“佳佳，今天老师要奖励你一个小红花，你开心吗？”

佳佳：“开心。”

老师又意有所指地问：“那你知道为什么今天老师会奖励你小红花吗？”

佳佳：（非常高兴）“知道，因为我今天乖，有进步。”

老师：“你说得真对。你今天来幼儿园没哭，真有进步呀！那你明天还要不要进步了？明天来幼儿园还哭不哭了？”

佳佳：“不哭了，我保证。我想每天都得一个小红花！”

果然，第二天佳佳来幼儿园的时候没有哭，来园时手上还贴着昨天的小红花，老师见状马上在旁边又贴了一个新的，接下来的一周佳佳来幼儿园都没有哭。

对于幼儿身上一点点的进步，保育师都要看在眼里，要及时给予表扬，用直接的话语告诉幼儿在哪一方面取得了进步，让他们知道为什么会受到表扬。

(2) 表扬语要恰当适度，表扬宜在公开场合进行。保育师要根据事实，适度地表扬，表扬的人和事要具体。

例如：大班武术操展演结束后，保育张老师准备带幼儿回教室时，发现有个幼儿跑到一边去捡个什么东西，走近一看原来幼儿是去捡了一只鞋，迅速穿上急急忙忙地跟上队伍。

保育师：“小宇，你的鞋怎么丢一只呢？”

小宇：“刚才武术表演时，不知道谁把我的鞋踩掉了，然后又被别人不小心踢到一边了。”

保育师：“那你怎么不马上捡回来呢？”

小宇：“如果我出去捡，会很明显，整个武术队伍就不整齐了。”

保育师：“那你是光着一只小脚丫完成的动作呀？”

小宇：“是呀，我穿着白色的袜子呢，跟鞋子是一个颜色的，应该没人看得出

来。”（窃喜）

保育师和幼儿都已经回到活动室。

保育师：“孩子们，大家看到了吗？小宇刚才在武术表演时被其他小朋友不小心把鞋子踩掉了，又被踢到了一边，他后面是光着小脚丫完成的动作，直到表演结束才把鞋子捡回来。”

幼儿：（惊讶，议论）“啊？那脚会很疼的呀，没有鞋子多不舒服呀！”（大家七嘴八舌地在说）

保育师：“小朋友，你们说，在活动时是穿鞋子舒服些还是光着脚舒服些呢？”

幼儿：“当然是穿鞋子舒服。”

保育师：“你们知道小宇为什么会表演结束后才把鞋子捡回来穿上吗？现在我想请小宇自己来告诉大家。”

小宇：“如果我马上去捡会被观众发现，咱们的队伍就不整齐了。”

保育师：（感动地）“大家听，小宇想得多好呀！他的心里装的是我们的集体，为了队伍的整齐，他忍耐自己的不舒服，这件事情虽然小，但是我们看到了小宇美好的心灵。让我们大家用掌声来表扬他吧！”

保育师要善于从生活中发现幼儿积极向上的思想并及时抓住这个“闪光点”，在集体面前当众表扬，这样可以为其他幼儿树立良好的榜样，同时对其他幼儿也有一种心灵的触动。

（3）表扬语可适当辅以体态语。单纯地运用表扬语，如一个没有灵魂的躯壳，没有多少教育价值。要使表扬语发挥其应有的作用，使幼儿的情绪受到感染，体验到受表扬的愉悦，保育师在对幼儿进行表扬时，要以真诚的态度、热情的语调去表达，可伴以鼓掌、点头及赞许的眼光，必要时还可用摸摸头、拥抱等亲昵的动作进行强化。

（4）表扬语要有差异性。对不同个性幼儿的表扬语，要有所不同。比如对外向幼儿的表扬语，要直接明了，多戴“高帽”，使其扬长避短；对偏内向幼儿的表扬语，要情真意切、热情活泼，配合动作使其树立自信心。

例如：今天幼儿比赛整理衣服，结束后保育师先表扬了速度最快的几个幼儿，然后又说：“皮皮和萌萌虽然慢一些，但是你们两个叠衣服叠得更整齐，老师觉得你们的进步特别大！”萌萌一脸不相信的表情说：“是吗？”保育师对萌萌使劲点了点头说：“当然啦，你看你的衣服叠得多好啊！”表扬完皮皮和萌萌，保育师又转头对晨晨说:“今天晨晨的鞋子穿得最好了,左右都能分清楚,而且是最快穿上的!”听了保育师的表扬后,原本以为穿衣服落后的晨晨又恢复了自信的表情,眼睛亮亮地看着保育师。

保育师能细心观察幼儿,并针对幼儿的个性特点,及时发现他们的进步并给予表扬,会使幼儿逐渐变得自信起来。

(二)批评语

1. 批评语的含义及作用

批评语是对幼儿某种不良言行所做的否定评价的话语。恰当的批评语能引起幼儿的警觉,自觉纠正缺点或错误,规范行为,从而从反面激发幼儿积极向上的动力。因此,保育师既要敢于批评,又要善于批评。

2. 批评语的使用要求

(1)运用批评语的前提是尊重。对于是非分辨能力处于低水平的幼儿来说,犯些小错是难免的。保育师应根据幼儿出现问题的实际情况、幼儿的态度及幼儿不同的语言接受能力,在不伤害幼儿自尊心的前提下,有针对性地进行批评教育。

例如:幼儿在练习画画时,有几个幼儿把蜡笔涂到了桌子上,鹏鹏更是把双手都弄得黑乎乎的,以下是两位保育师的批评。

A 保育师:“你们干什么呢,怎么这么烦人呢,每次都弄的哪都是,脏死了!”

B 保育师:“孩子们,你们画到桌子上,老师清理桌子多辛苦啊!你们应该知道体谅老师,不可以往桌子上乱涂颜色,现在有谁愿意和老师一起动手把小桌子擦干净?”

保育师在实施批评时要尊重幼儿的人格,话语表达要恳切,指出错误问题造成的后果,激发幼儿自觉纠正错误的意愿。

(2)批评时控制情绪,用语客观。保育师只有控制好自己的情绪,才不会说过火的话,不会去尖刻地指责、粗野地谩骂,全盘否定幼儿。

例如:“你怎么又捣乱了,真是讨厌,我看你改不了了!”

“你长脑子没有,耳朵呢?”

这两个批评语中保育师都没有把握好分寸,不够冷静,语言过激,容易使幼儿情绪变坏,达不到教育效果。

(3)批评语要少做剖析多说利弊。批评时忌空讲大道理,要根据幼儿的生活经验，简单明了指出其错误的危害性或可能造成的后果。

（4）批评语要体现差异性。对经常犯错误的幼儿，批评要开门见山，态度要坚定严肃；对易冲动的幼儿，要等其情绪平复后，再进行温和的诱导；对胆小的幼儿，应注意批评时尽可能委婉含蓄。

三、疏导语

在幼儿园保教工作中，有很多情况是不能单用表扬或批评来解决问题的，需要保育师通过耐心而细致的疏导，摆事实、讲道理，循循善诱，用智慧的语言因势利导，使幼儿愉快地接受规劝。使用疏导语进行教育时需注意以下三点。

（1）要尊重幼儿，拉近与幼儿的心理距离；

（2）要了解幼儿做事的动机，做到有的放矢；

（3）要以交流的方式推进，语速语态要平稳。

例如：户外活动时，一个男孩儿爬到了攀登架的最高处，骑在横杠上下不来。小伙伴们都很惊慌，很多老师也很焦急，很怕处理不当，会在瞬间酿成事故。大家都焦虑地仰望着这个孩子，七嘴八舌，此时的男孩也快要吓哭了。这时候，保育刘老师走了过来。下面是她与男孩儿之间的对话：

保育师：（镇定而微笑着）“哎哟，这是哪位小朋友呀，爬得这么高？”

（孩子们七嘴八舌地告知他的名字“刘思雨”）

保育师：“思雨小朋友，上面好玩儿吗？”

幼儿：“不好玩儿，我要下来！”（略带哭腔）

保育师：（对着下面的孩子）“我们一起为刘思雨加油，看看他是怎样稳稳地下来的！（然后抬头对着幼儿）你们看，他的手抓得很紧，一条腿先跨了过来，然后，慢慢地，一步一步地下来，很好……”

这位保育师的疏导语，显示出了丰富的教育经验。她是在判断幼儿有能力下来的前提下，予以一定的疏导，既保护了幼儿的自尊心，又在全体幼儿面前树立面对困境，积极并勇于解决问题的榜样。

四、针对不同性格幼儿的沟通策略

（一）幼儿性格的特点

每个幼儿都有区别于他人的性格表现，但在同一年龄阶段的幼儿有着共同的性格特点，年龄越小，其共性特点越明显。在幼儿期，由于生理发育和生活经验的限制，幼儿较为突出的特点表现如下。

1. 精力充沛，活泼好动

幼儿期的孩子喜欢参加各种游戏活动或者劳动，愿意在成人的指导下做事情。比如帮老师扫地、擦地、擦桌子、发放碗勺、收玩具等。不会因为活动项目过多而感觉疲劳，反而常常会因为活动单一而感到厌倦、无聊、不开心。

2. 好奇心强，求知欲强，喜欢问问题

幼儿对自己不知道的事情会显得格外好奇，经常会通过提问来认识周围世界，想办法弄清究竟。比如我们经常听到幼儿把“这是什么？”“那是什么？”“为什么？”挂嘴边。

3. 情绪化，易冲动，自我控制能力差

幼儿的情绪很容易受外界刺激的影响，情绪变幻莫测，喜怒哀乐都写在脸上，藏不住。做事冲动，自我控制能力薄弱，想干什么干什么，从不考虑后果，不会预测即将发生的危险。

4. 独立性差，模仿能力强

爱模仿是幼儿期比较突出的性格特点，主要原因是他们独立性发展较差。幼儿最愿意模仿的对象是父母、老师、小朋友还有生活中的小动物，其中模仿最多的是父母和老师，成人说话的语气、语调、表情、动作以及一些行为习惯都是幼儿模仿的细节，所以这也是家长和老师的言行经常从幼儿身上反映出来的原因。

（二）幼儿性格的类型

幼儿性格表现形式多种多样，没有好坏之分，每一个性格类型都有积极的一面同时也有消极一面，现将幼儿阶段具有突出表现的性格类型总结如下。

1. 活泼开朗型

这种类型的幼儿自信心强，乐观积极，善于表达，容易引起成人的关注，获得他人的喜欢，能够较好地控制自己的情绪，不会表现得过于激动或伤心，可以很好地听取成人的建议。不过这类幼儿做事持久度较差，经常凭心情做事，同时他们的虚荣心也比较强，经常在有一点小进步时沾沾自喜。

2. 霸道易怒型

这种类型的幼儿做事积极主动，自信心、好胜心强，善于表达自己想法。常以自我为中心，不容易控制自己情绪，在困难面前容易冲动、发脾气，在和同伴沟通或游戏时，常常要求同伴服从自己，占主导地位，经常会因为小事和同伴发生冲突。受到老师的批评时，往往不能冷静地思考自己的错误，而是先指责他人。

例如：今天的教学活动中，桐桐因为影响其他小朋友的活动而被老师批评了，桐桐的情绪表现得很激动，说道："我就不听，我告诉我奶奶！"保育师见状就把她拉到一边，让她好好冷静冷静再和她说。但是桐桐突然大哭起来，说："你欺负我！"午饭后幼儿在走廊玩着插板玩具，桐桐把所有的陀螺玩具都搂在自己的怀里，别的小朋友想去拿一块，她就大喊："不许动我的玩具！"保育师走过去告诉她，这是幼儿园小朋友共同玩的玩具，不能一个人全拿走，要和其他人分享。桐桐又大哭起来，把玩具扔了一地说："我不玩了！"

3. 固执己见型

这种类型的幼儿做事认真、专注，能坚持到底。情绪容易激动，爱钻牛角尖，常因为一点小事就陷在自己的情绪里久久不能平复。当认准自己的想法时，其他人的言语或行为都左右不了。虽然也想得到成人的关注，但不善于主动表达，当得到成人的赞扬和肯定时，会表现得异常兴奋。

例如：起床后，小朋友都在自己穿鞋穿外裤。然然穿不好自己的鞋子，一直坐在地上生闷气，保育师走过去想要帮助他把鞋穿上，他一把推开保育师的手，自己却依然一动不动地坐在地上。保育师没办法，把自己的鞋脱掉，说："咱俩现在一起穿鞋吧，比比看谁穿得快好吗？"这时，他才慢慢地把自己的鞋拿过来，和保育师一起穿起鞋子。虽然他自己的动作很慢，但是他也不向保育师寻求帮助。

4. 内向胆怯型

这种类型的幼儿，对陌生的环境有很深的排斥和恐惧感，警惕性高，不容易相信他人。尤其在融入新的集体环境时，会表现出严重的分离焦虑。然而这类幼儿的心思都很细腻，善于观察生活中的细节问题，在适应环境后，往往特别渴望得到老师的关注，但是又不敢主动去和老师或同伴沟通，在和同伴游戏时参与度不高。

例如：轩轩小朋友性格非常内向，小班新入园期间一直哭闹不止。而不哭的时候也是一个人呆坐在座位上，不和小朋友们说话聊天。保育师和他说话只能用点头、摇头来作为回答。有时尿裤子了也不主动告诉保育师，都是等保育师自己发现。

（三）与幼儿沟通的策略

1. 短时间内熟记幼儿的名字

随时随地能叫出幼儿的名字是实现良好沟通的桥梁，也是沟通的基础，会让幼儿觉得亲切、温暖。教师可以直接称呼幼儿名字，也可以在名字后面加小朋友的字样，比如 ××× 小朋友。还可以重叠称呼名字里的某一个字或者称呼幼儿的小名，比如天天、桐桐。一定切记，在任何情况下都不可以给幼儿起绰号。

2. 选择恰当的时间、地点与幼儿进行沟通

一般来说入园和离园两个时间是一日生活中比较好的沟通时间。入园时保育师可以热情主动地与幼儿打招呼，“早上好”“见到你很高兴”或者给幼儿一个温暖的拥抱，让幼儿体会上幼儿园有老师陪伴的快乐；晨间活动时间，可以与幼儿聊一聊来幼儿园的路上看到的事或者讲一讲前一天晚上在家里做过的游戏、看过的图书或者电视节目，还可以与幼儿一起观察班里自然角中生长的植物，等等，增进师幼感情；离园前可以与幼儿谈谈一日生活中有趣的事；在家长接幼儿离园时主动与幼儿说“再见”或“祝你晚餐愉快”等话语，让幼儿高高兴兴回家。另外，对幼儿的表扬和批评也要注意因时因地。及时表扬，面向全体说清楚为什么表扬；延迟批评，平息幼儿不好情绪，再用平等的态度个别沟通，保护幼儿自尊心。

3. 在沟通时耐心倾听、充分理解

在与幼儿说话时保育师要放下手头事情，眼睛注视着他们，认真听幼儿说什么，不打断并及时给予语言或非语言的回应。比如充满感情的微笑、摸摸头、拍拍肩膀，让幼儿感受到教师的关爱，并通过幼儿的表达充分理解他们的想法再巧妙地给予引导。

4. 用简单、具体且幼儿能理解、接受的语言进行沟通

坚持使用积极的正面语言，多用描述性的语言，少用评价性的语言。比如“你的小耳朵可真灵敏”要比“你真棒”更具体有针对性。切忌对年龄小的幼儿说反话，因为他们对语言的理解是表面、直接的，不能理解教师说反话的真实用意。例如几名幼儿不去喝水却在大声吵闹，保育师说：“你们怎么不说得再大点声呢？”保育师会发现幼儿听后会继续大声说话。

5. 沟通要体现差异性

针对不同性格类型的孩子选择恰当方式进行沟通，比如对待活泼开朗型的幼儿，教师可以进行恰当地鼓励，使其更有积极性地参加活动，发挥其性格特点优势，帮助其他有需要帮助的小朋友。但是对这类型幼儿的表扬要注意适度，不能让其形成骄傲虚荣的情绪，不能嘲笑其他有困难的小朋友。

对待霸道易怒型的幼儿，保育师可在他发脾气时制止他继续参加游戏，例如让他独自安静地坐一会儿，想想自己哪里做错了，等他不再耍脾气时再和他沟通，使其认识到自己的错误。在平时的活动中，可以使用一些激励的办法，例如表现好可以当值日生、帮助小朋友发餐具、做老师的小助手等等，让幼儿主动改掉爱发脾气的小毛病。当他有好的表现时，及时地表扬、肯定他。

对待固执己见型的幼儿，保育师可适当转移其情绪，不要强硬要求其必须完成某件任务，或者在幼儿面前示弱，让他知道成人也有做不到的事情，能够正面接受自己的失败。在集体活动中，要善于抓住这类幼儿的闪光点，多进行表扬，逐渐帮助其树立自信心，使其在面对各种挑战时，能够更好地完成任务。

对待内向胆怯型的幼儿，保育师要对他给予更多的关注，平时一个肯定的眼神或手势，一句简单的表扬，都会对幼儿产生巨大的鼓励作用。保育师可以利用每天帮助孩子整理衣裤、陪伴幼儿去盥洗室的时间增加和幼儿交流的机会，比如“刚才你画画时好认真啊，老师看你涂色特别棒！”“今天你喝水喝的多啊，这样病菌都被冲走啦！”“刚才吃饭时你把蔬菜都吃了，而且还吃得很干净呢！”这样简单的交流，会逐渐地在幼儿心里产生积极作用，让幼儿在做任何事情时都更有动力，也会更主动、积极。

知识链接

与幼儿沟通的案例

保育师与幼儿沟通时常用职业用语

（1）老师相信你，你一定能做到。

（2）你真棒，又学会了一个新本领。

（3）你能帮助大家，老师和小朋友们都很感谢你。

(4)你的进步可真大，让我们为他的进步鼓鼓掌吧。

(5)祝贺你，你成功了。

(6)你又克服了一个困难，老师为你高兴。

(7)你可真勇敢，下次老师相信你会做得更好。

(8)老师和小朋友都很羡慕你，你能得到这么多小红花。

(9)你愿意和老师做朋友吗？

(10)老师相信你明天一定会高高兴兴地来上幼儿园，对吗？

(11)你需要我来帮忙吗？别害怕，让我来帮助你。

(12)你真是个热爱劳动的好孩子。

(13)你愿意帮助老师一起来做这件事吗？

(14)你的小手洗得真干净呀！

(15)你可以把垃圾扔到垃圾桶里吗？

(16)你愿意和小朋友一起玩玩具吗？

(17)你说话的声音真好听，老师希望经常能听到你的声音。

(18)我记得你的名字叫什么，因为你是老师的好朋友。

(19)尿裤子了不要紧，老师帮你保守秘密，咱们去换上新裤子吧，下次有尿的时候告诉老师，好吗？

(20)今天你想先吃香菇还是白菜呢？

任务训练

一、思考并回答下列问题。

1. 教育指导用语有哪些要求？

2. 举例说明表扬语、批评语及疏导语在幼儿教育中的作用。

3. 根据幼儿特点，说说与幼儿沟通的策略有哪些。

二、评析下列教育情境中保育师言语不当或可取之处。

1. 乐乐很爱干净，一次他看到几个同伴坐在地上看书，便跑过去大声对他们说：“地上很脏的！”同伴们没有理会他。他情急之下，使劲往上拉一个同伴的衣领，那个同伴被弄疼了，哇哇大哭起来。保育师过来了，批评了乐乐，对他说：“你管好你自己就行了！”乐乐很委屈地站在一旁，眼泪直打转。

2. 保育师与幼儿的两组对话。

保育师A："帅帅该起床了！"

幼儿："老师，我累，我还想睡一会儿。"

保育师A："不可能，你刚睡醒，赶紧起来！"

幼儿："老师，我真的很累。"

保育师A："上午你也没干啥呀，累啥呀，快点穿衣服，别人都起来了。"

幼儿："我不想起床。"

保育师A："快点，别让我再说第二遍。"

保育师B："帅帅，你怎么了，还没有起来？"

幼儿："老师，我累，我还想睡一会儿。"

保育师B："可是你刚刚才睡醒呀，但是你还觉得有点累，是吗？"

幼儿："是的，老师。"

保育师B："有时老师也会这样。"

幼儿："老师也会这样呀，为什么呢？"

保育师B："可能是刚才睡得不好，也可能是昨天晚上没有休息好，你呢？"

幼儿："我昨天很晚才睡觉的。"

保育师B："那你今天晚上早点睡觉，好吗？"

幼儿："那我现在起来吧。"

保育师B："帅帅最棒了。"

三、根据下面的教育情境，设计相应的表扬语、批评语或疏导语。

1. 淘淘小朋友爱玩枪战的游戏，可每天做操不认真，听课也打不起精神。六一儿童节快到了，班级里排练一个舞蹈节目，其中有一个要求幼儿随着音乐做草原骑马的动作，老师发现淘淘不但节拍准，姿势也很逼真优美。老师当众表扬了淘淘，并让他给小朋友做示范。后来老师又单独找淘淘谈了一次话，又一次表扬了他。

当众表扬时，老师说……

单独谈话时，老师说……

2. 琪琪能管好自己，但特别爱告状。今天，她又向老师报告："嘟嘟和溜溜打起来了。"老师说……

3. 有一位新入园的幼儿尿裤子了，保育师对他说……

4. 为了教育幼儿团结友爱、热爱集体，一位老师建议幼儿从家里带一件自己喜欢的玩具或书籍到幼儿园与大家一起玩。第二天，幼儿都从家里带来了玩具。针对这种情况，老师应该怎样表扬大家。

四、根据下面情境，设计与幼儿沟通用语。

1. 对小班幼儿说大小便的要求。
2. 保育师向幼儿介绍自己。
3. 新入园的幼儿会经常哭着找妈妈，这时应如何与幼儿沟通。

任务四

正确使用与家长沟通用语

任务情境

离园时，经常有家长问教师："老师，今天我孩子在幼儿园表现怎么样？"下面两个教师的回答是这样的：

教师 A：挺好的。

教师 B：非常好！早上你走后，她很快就不哭了。上课的时候还主动举手回答问题。就是午睡的时候，喊了几声要"妈妈"，经过我们安抚后，很快就睡着了。

教师 B 的回答，使家长获得了更多的信息，帮助家长消除了忧虑心理，同时也会让家长对教师更加信任，更好地配合幼儿园教育工作。

知识支撑

《幼儿园工作规程》指出："幼儿园应是主动与幼儿家庭配合，帮助家长们创建良好的家庭教育环境，向家长宣传科学保育、教育幼儿的知识，共同担负教育幼儿的任务。"事实证明家园合作、共同教育，教育的效果会更好、更巩固。而家园合作能否成功，与家长的态度有很大关系。《幼儿园教师专业标准（试行）》在"沟通与合作"中，对幼儿教师明确提出要"与家长进行有效沟通合作，共同促进幼儿发展"。保育师与教师一样，每天都与幼儿的家长打交道。因此，保育师要与家长保持良好、有效的沟通，促使家园合作在幼儿教育工作中发挥较大作用。

一、与家长沟通用语的一般要求

1. 围绕幼儿进行沟通，说有针对性的话题

对家长来说，孩子在幼儿园一天中的细节小事才是最重要的，他们希望了解孩子在幼儿园的具体表现。比如孩子今天吃得怎么样，睡得如何？学了什么，学得怎么样？孩子今天哪些方面表现突出或有进步等。

例如：多多妈妈来幼儿园接孩子，希望了解一些孩子在幼儿园的情况及表现。保育张老师接待时说："多多这段时间进步很大，他吃饭时能把蔬菜都吃掉，不光挑肉吃了。喝水的时候也能多接点水，而且喝水的次数也挺多，挺好的。想要小便前都会举手告诉老师，不再尿裤子了……"

与家长沟通时，谈论的话题要有明确的目的，不要漫无目的地聊家常。

2. 及时反馈幼儿情况，先褒后抑

教师要及时地向家长反映幼儿的日常情况、特殊情况和不良表现。对幼儿的不良表现，教师反映时要先褒后抑，客观地反映幼儿好的表现，再把需要改进的问题与家长进行沟通。

例如：最近几天，悠悠集体活动时总爱和小朋友说话，老师想晚上家长来接时与孩子妈妈沟通一下，晚上悠悠妈妈来接，以下是老师与悠悠妈妈的对话。

老师："悠悠这学期进步挺大的，在活动时很爱举手发言了，而且状态很活跃、积极的。"

悠悠妈妈：（高兴地）"是吗，我们最近也发现她爱和小朋友聊天了，出去玩儿时都主动和陌生小朋友说话。"

老师："孩子喜欢表达是好事啊，不过还是要提醒她注意在集体活动中怎么遵守纪律。孩子还是有点小，不太理解遵守集体活动纪律的问题，也难免有时会控制不住想和其他小朋友聊天呢！"

悠悠妈妈："老师说的是，她现在有点不会分场合找人聊天，我们也发现了，一定多提醒她，配合老师的工作。”

3. 多用第一人称，拉近沟通的距离

如果面对幼儿挑食的问题，教师可以对家长说：“咱们都想想办法，帮孩子克服挑食的坏习惯。”

例如：今天，壮壮又因为抢玩具把小朋友打了。保育师在与家长沟通时，对孩子的妈妈说：“壮壮妈妈，壮壮今天又调皮了，和皮皮玩玩具，壮壮打了皮皮一下。考虑到壮壮最近经常会有这样的小情况，我想在他与小朋友发生冲突时，咱们让他单独坐一会儿冷静冷静，您看这样行吗？”壮壮妈妈说：“老师，您这么做也是为孩子好，我们肯定支持您，没问题的，您看怎么对他好就怎么做，我们没意见！”保育师：“壮壮妈妈，非常感谢您对我们工作的支持和理解！”

4. 多倾听，多征询，诚恳对待家长

与家长沟通时，多倾听，把话语的主动权交给家长。表达自己意见时，可以多用“您看呢？”“您觉得怎么样？”这类的方式。

例如：今天晚上接待时，豆豆妈妈来与保育刘老师沟通：“刘老师，豆豆最近总回家哭，说怕来幼儿园，我想知道他在幼儿园是谁欺负他了吗？”听到豆豆妈妈的问话，刘老师没有急着辩解，而是先对她说：“豆豆妈妈您别急，孩子回家有哭闹情绪，我特别理解您现在的心情，您能和我详细说说吗？”然后听豆豆妈妈说了很多孩子在家时哭闹的表现。在她叙述孩子的情况时，刘老师迅速地分析孩子妈妈想要表达的主要内容，然后问妈妈：“孩子有这样不愿意来幼儿园的情况多久了？”“他回家还和您说过别的吗，比如说在幼儿园遇到不高兴的事情？”了解到孩子是因为怕在幼儿园午睡的情况后，刘老师对豆豆妈妈说：“孩子的情况我都了解了，今后再午睡时我会多陪他一会，孩子也是在家里都有大人陪着睡，比较习惯了。或者午睡前我给他讲个小故事，您看这样可以吗？”经过老师的疏导，豆豆妈妈打消了刚开始的顾虑，对教师的理解和帮助表达了感谢，同时也表达回家多做做孩子的工作，让他能尽快适应在幼儿园午睡。

5. 沟通要因人而异

家长的文化背景不同，其文化修养、思想素质、教育观念都不尽相同，因此与不同家长沟通，要采取不同的方式和策略，讲究沟通的艺术，以达到最佳的沟通效果。

二、与家长沟通用语的类别

家园联系有很多种方式，比如家长来园接送孩子时短暂的个别交流、日常的电话交流、线上交流、每学期的家访和家长会，以及一些书面交流等。接待个别家长用语和家访用语如下。

（一）接待个别家长用语

在幼儿园中保育师每天都会接触家长，和家长一般都会有短暂的交流。这样的谈话往往受到时间和情境的限制，因此保育师在与个别家长交流时，需注意的要点是：回应要及时恰当，态度要坦诚；谈话要因人而异。

（二）家访用语

家访是指教师为了特定的目的到幼儿家中，与幼儿家长取得联系，共同教育幼儿的一种方法。它是幼儿园教育工作的重要组成部分，是幼儿园教师家长工作的内容之一。

1. 新生家访用语

有些幼儿园要求保育师对新入园的幼儿进行家访，便于日后开展教育教学工作。在家访前教师要根据家访目的，提前设计好家访用语，在与家长沟通时做好笔记，如不方便记录，家访结束后也要及时整理资料，以便在日后的工作中牢记于心。例如：

下面是新生入园前一位教师的家访用语记录。

⑴ 与小朋友的交流如下：

教师：你叫什么？（郑佳怡）还有什么有趣的名字吗？（嘟嘟）你上幼儿园后，希望老师叫你哪个名字呢？（嘟嘟）你去过幼儿园吗？（摇头）你喜欢做什么？（画画、看巧虎、去公园喂小鱼）你喜欢什么玩具？（公主）谢谢你跟我说了这么多，我送你一朵小红花吧（征得幼儿的同意，贴在幼儿的额头）。

⑵ 与家长的交流如下：

在与家长的沟通中，主要了解到以下情况：孩子上幼儿园后，家里谁负责接送？在家里谁和孩子相处的时间比较多？上幼儿园后，家长担心的问题是什么？孩子哪些方面比较突出？有没有什么特殊的习惯和要求？此外，教师还了解了孩子入园生活的准备情况，如：孩子是否能独立吃饭？孩子会自理大小便吗？家庭中，孩子对大小便的称呼是什么？孩子会洗手吗？孩子午睡情况如何？一般几点午睡？平时孩子睡觉时有特别的依恋物吗？孩子会穿脱衣服和鞋子吗？孩子对上幼儿园有什么反应？

教师从不同侧面细致地了解到幼儿的入园准备情况和个性特点、生活习惯等信息，便于日后开展工作。

2. 特殊幼儿的家访用语

幼儿园班级中有些特殊幼儿需要保育师进行家访，保育师需要了解家庭情况，以取得家长的全力配合。

例如：有个男孩叫浩浩，在刚入园时，他不和小朋友一起玩，也不愿意参加集体活动。经观察，浩浩特别敏感不自信，为了使浩浩小朋友更好地适应幼儿园的生活，教师进行了一次家访活动，希望通过与家长沟通找到浩浩问题的原因，并采取对策帮助浩浩适应幼儿园生活。

家访前，教师特意准备了一个益智建构玩具送给浩浩。浩浩收下礼物，就迫不及待地玩了起来。过了一会儿，他拿着自己的“作品”给大家看。

保育师：（兴奋）“呀，那么快就搭好了，我们来欣赏一下。”

爸爸：“太小了，浩浩用上所有的积木，再去搭个大的。”（浩浩继续拼搭。这以后，爸爸看着浩浩，不时地用语言提示他该怎么做。过了一会儿，爸爸索性走过去，陪儿子一起玩了。妈妈则在一旁和教师交谈。）

爸爸：（对浩浩说）“你插得太松，瞧，这样才紧，才能搭得高。我们一起来搭个高楼大厦，好不好？”

浩浩：“不好，我想搭个火车。”

爸爸：“火车太简单了，没有创意。我们搭个难一点的吧。”

在这次家访中，保育师以观察和倾听为主，借助礼物为媒介，让家长与孩子在熟悉的家庭环境中，自然地展开互动，从中了解到家长的教养方式。通过家访，保育师也了解到浩浩爸爸是高级知识分子，关注孩子的一举一动，对孩子期望比较高，不轻易表扬孩子，对孩子干涉过多，希望孩子尽善尽美。后来，保育师多次单独与浩浩的家长沟通，让家长意识到问题所在，并协助幼儿园共同解决浩浩不自信的问题。

三、保育师与家长沟通策略

（一）幼儿家长特点

幼儿的家长主要包括隔辈家长和父辈家长。

部分隔辈家长比较宠爱孩子，对孩子生活上过多地包办、代替，总担心孩子会受到伤害，不能放手让孩子独立成长。对幼儿园老师常常会产生怀疑，认为老师没有照顾好自己的孩子，或者对老师对孩子的批评置之不理，表现出不理解、不认同的情绪。

父辈家长主要指父母。他们大多对孩子要求比较严格，能够较好地理解老师的做法和观点，懂得要培养孩子各种生活能力的重要性。但是他们也更加关注孩子的自信心、自尊心是否得到保护，对老师的要求比较高。

（二）幼儿家长类型

根据家长的性格特点、受教育程度及幼儿教育观念等因素，现将具有典型特征的家长分为以下五种类型。

1. 知书达礼型

这类家长往往有着较好的文化素养，能够正视孩子的优缺点，与教师交流时能较好地理解教师的观点和做法并做到支持、配合教师共同教育孩子，充分相信教师的专业能力。比如当孩子在幼儿园与同伴发生冲突或者遇到其他情况时，家长能很好地与教师沟通，齐心协力共同解决问题。

2. 娇宠溺爱型

这类家长在生活中对待孩子百依百顺，照顾过于细心，在家中多包办孩子的大小事情，致使孩子对家长的依赖性非常强。当孩子犯了错误会选择包庇和无条件原谅的方式，而且异常关注孩子在幼儿园的任何情况，经常询问孩子在幼儿园遇到的各种事情，总是希望教师能给予孩子额外的照顾。

3. 放任随意型

这类家长通常有三种情况，一种是工作忙，很少自己管孩子，孩子主要由祖辈抚养，认为孩子还小，不重视幼儿期的教育；一种认为把孩子送到幼儿园，对孩子的教育就应该由幼儿园负责；第三种是认为放养就是最好的教育，对待孩子的行为不会刻意约束，任其自由发展，导致孩子分不清是非，总是以自我为中心，不能很好地适应幼儿园生活。

4. 严厉专制型

这类家长对孩子期望高、要求严、回应低，要求孩子所有事情必须按父母要求做，无条件服从父母，否则就会受到严厉惩罚。他们不会考虑孩子的情感与需求，在孩子面前总是高高在上。另外，他们对幼儿园教育要求也比较高，有个别家长会对教师工作的专业性持有怀疑态度。

5. 沉默寡言型

这类家长性格比较内向、不善言谈，往往不会主动找教师沟通，偶尔与教师交流时也只有简单的话语。看似不好接近，其实他们也很想了解孩子在园情况，只是不知道该如何说起。

（三）与家长沟通策略

1. 真诚、接纳是实现良好沟通的基础

教师想要与家长进行有效的沟通，首先需要与家长建立良好的家园关系，而教师所表现出的坦诚相处的态度，能够促进家长对教师产生信任感，愿意与教师沟通。

2. 反映孩子情况时用客观的语言

先说优点再说缺点，不随意贴标签，委婉表达，不要表现出厌烦、敷衍的情绪。比如教师在与家长反映孩子在幼儿园的“调皮”表现时，可以先和家长交流孩子最近某些方面的进步，对孩子的整体表现进行表扬，再顺势提出一两个小问题，更能获得家长的理解。而且反映情况时，尽量使用客观的描述性语言，不要进行评价，更不要表现出对孩子的反感、不耐烦的情绪。

3. 与隔辈家长沟通时，需要教师的耐心和细心

比如老人因为身体原因，经常会看不清楚字或者听不清声音，或者在需要借助手机、电脑等设备进行家园活动时，常常会出现操作不当的情况。这时，教师不能表现出任何的不耐烦情绪，反而要对这类家长更加细心，耐心询问隔辈家长是否需要帮助，消除他们的紧张情绪。

例如：晚接待时，教师发给家长一张调查问卷，需要家长签字。当安妮姥姥拿到时，在门口犹豫了半天，教师看到后询问她有什么问题，她很不好意思地说：“老师对不起，我不识字，这个我拿回家让孩子爸妈来填吧！”“阿姨别着急，您看看需不需要我帮您填，还是您拿回家让爸爸妈妈填都行。”听了教师的话，安妮姥姥说：“那太谢谢老师了，她爸妈出差了，就麻烦老师帮忙填上吧！”

4. 面对不同类型的家长，根据具体情况随时调整

采取不同的沟通策略，因人而异。比如当遇到家长情绪比较激动时，教师不要急着分辩，与其硬碰硬，可用语言或适当的态势语使其情绪平复下来，通过耐心倾听、平等交流来重获家长的认可。

例如：教师晚上给诺诺妈妈打电话，“诺诺妈妈，您下班到家了吗，现在忙吗？”“晚上诺诺姥姥与欣欣老师发生了点不愉快，不知道姥姥和您说这件事了吗？”“我看姥姥当时情绪有点激动，就没和她说太多，不知她现在好点了吗？”“孩子姥姥有点误会了，我是想和她解释一下的。”通过这样的话语，拉近教师和家长的距离，让家长感受到教师对家长的关心，愿意与教师进行沟通。在后续的工作中，教师不能对这类家长表现出任何的反感情绪，让家长以为教师在给孩子“穿小鞋”，而是要多抓住孩子的优点，多和家长沟通，让家长感觉到教师对孩子的好。久而久之，改变教师在家长心中的印象。

又如当遇到不爱交流或平时交流少的家长，教师要经常主动与家长进行沟通。以平时对孩子的细心观察和照顾作为切入点，打开沟通的局面，主动介绍孩子近期表现，如果孩子存在问题，及时帮助家长分析原因。另外，还可以利用幼儿一日生活中的小视频让家长了解孩子近况或者与其他孩子的差距，从而引起家长关注。

例如：天天的父母工作很忙，经常出差，平时不能照顾孩子，只有在家的时候才会到幼儿园来接孩子。

教师：“天天妈妈今天来接天天了！”

家长：“老师，真是不好意思，工作太忙了都没时间管孩子，最近天天表现怎么样呀？”

教师：“天天最近进步特别大。原来吃饭挑食只吃肉，现在可以吃蔬菜了；每天睡醒觉起来把衣服穿得整整齐齐的，特别棒！”

家长：“老师，孩子有这么大的进步都是您的功劳，真的太感谢您了！”

教师：“天天现在的生活自理能力越来越好。放心吧，班里的老师都很关注天天，因为爸爸妈妈不经常在身边。我发现天天在回答问题的时候声音很小，不太敢大声说话，也不爱主动举手发言，私下里我会经常问他老师讲的你能听懂吗？他说能听懂，但就是不爱主动表达。和小朋友玩的时候也不积极，人一多了他就走了，不玩了。”

家长：“天天性格内向，天生就胆小。”

教师："我也觉得是这样。恐怕孩子胆子小会与父母不经常在身边有一定的关系，孩子会缺少安全感，爸爸妈妈可不可以多抽出点时间陪陪孩子？"

家长："知道了老师，我们以后一定尽量多抽时间陪伴孩子，请老师也在幼儿园里多鼓励鼓励他，锻炼一下孩子的自信心。"

教师："好，让我们一起努力吧！"

知识链接

保育师与家长沟通时常用职业用语

（1）××× 妈妈，早上好！

（2）您有需要我们帮助的事情尽管说。

（3）想和您了解一下孩子在家里的情况。

（4）孩子这段时间在幼儿园表现很好，如果能在 ××× 方面改进一下，他的进步会更大。

（5）您先别着急，针对孩子出现这种情况，我们来一起想办法帮助他。

（6）孩子特别可爱，老师和小朋友们都很喜欢他。

（7）感谢您对我们工作的支持和理解，这都是我们应该做的事。

（8）您的心情我很理解，您先冷静冷静，我们再商量一下这件事有没有更好的解决办法。

（9）谢谢您的提醒，我先了解一下情况，了解清楚了再给您答复好吗？

（10）孩子好几天都没来幼儿园了，大家都很想他。

（11）我们要相信孩子，他会做得很好。

（12）幼儿园的餐食是营养配餐，为了孩子的身体健康我们一起帮他改掉挑食的习惯。

（13）今天孩子主动做老师的小助手，帮助老师分碗、发勺，非常棒！

（14）孩子难免偶尔犯错误，我们来慢慢引导他。

（15）这是幼儿园为家长提供的相关育儿知识，相信会对大家有所帮助。

(16)我们可以坐下来谈谈,您有什么想法可以告诉我们,我们的最终目的都是为了孩子好。

(17)孩子之间的问题可以让他们用自己的方式来解决,请您放心,他们会成为很好的朋友。

(18)××妈妈,非常抱歉,今天孩子在户外活动时摔倒,腿擦破点皮,保健老师已经及时为孩子处理消毒了,以后在活动中我会多加关注他,请您见谅。

(19)这件事需要和××来沟通,我可以帮您联系一下。

(20)非常感谢您对我们工作提出的建议,我们会认真考虑。

任务训练

一、思考并回答下列问题。

1. 与家长沟通的一般要求有哪些?

2. 面对娇宠溺爱型家长,谈谈沟通策略。

二、根据情境,设计与家长的沟通用语。

1. 小明来幼儿园两个月了,午睡情况一直不理想。今天有些进步,在床上翻来覆去一个小时总算睡着了。放学时,小明妈妈问你:“我家小明今天午睡怎么样?”你该如何回答呢?

2. 晶晶不爱喝水,经了解,晶晶在家时爸爸妈妈常拿牛奶或果汁代替水。请你设计与晶晶家长的沟通用语,改正晶晶不爱喝水的习惯。

3. 天天这些天有些着凉了,今天上幼儿园妈妈给他带药了,晚上天天妈妈在接孩子的时候,你应该如何与家长沟通?

4. 小杰今天在阅读区看书的时候,手不小心被书划破口,破口处有些红肿,保育师已经带他去医务室及时消毒上药了。放学时,小杰的奶奶来接,小杰奶奶是知书达礼的人,请你告诉她这件事。

参考文献

[1] 赵介平 . 朗读的魅力：语文教师实用指南 [M]. 太原：山西人民出版社，2012.

[2] 李秀然 . 诵读艺术：技巧与训练 [M]. 北京：中国传媒大学出版社，2012.

[3] 谷英姿 . 口语训练教程 [M]. 北京：科学出版社，2013.

[4] 卓萍 . 幼儿教师口语教程 [M]. 武汉：华中科技大学出版社 ,2013.

[5] 王素珍 . 幼儿教师口语训练教程 .2 版 .[M]. 上海：复旦大学出版社，2013.

[6] 李晓冰 . 怎样编讲小故事 [M]. 北京：科学普及出版社，2009.

[7] 李莉 . 幼儿教师口语训练 [M]. 上海：华东师范大学出版社，2014.

[8] 宋玮，李哲 . 幼儿教师口语 [M]. 上海：华东师范大学出版社，2015.

[9] 刘亚雄 . 小学语文阅读训练 100 分（二年级）[M]. 长沙：湖南教育出版社，2018.

[10] 褚香 . 幼儿教师口语 [M]. 南京：南京师范大学出版社，2016.

[11] 陈怡莺 . 幼师口语沟通技巧（第二版）[M]. 北京：高等教育出版社，2019.

[12] 马宏，幼儿教师口语 [M]. 北京：北京师范大学出版社，2017.

[13] 张静，张艳娟 . 托幼园所保教工作入门 [M].

上海：华东师范大学出版社，2020.

[14] 徐慧，吴艳丽 . 幼儿园教师用语常识与规范 [M]. 北京：北京师范大学出版社，2019.

[15] 王晓玉，孟临 . 儿童文学作品选读 [M]. 北京：高等教育出版社，2012.

[16] 张加蓉，卢伟 . 学前儿童语言教育活动指导 [M]. 上海：复旦大学出版社，2008.

[17] 刘亚明，刘晓颖 . 做优秀的保教管理者——幼儿园保教管理实用手册 [M]. 北京：中国农业出版社，2017.

[18] 蔡军，刘恬 . 幼儿园保育员高级研修十五讲 [M]. 北京：清华大学出版社，2020.

图书在版编目（CIP）数据

保育员口语与沟通 / 苑望主编. -- 2版. -- 北京 : 高等教育出版社, 2025. 3. -- ISBN 978-7-04-062479-3

Ⅰ. G615

中国国家版本馆CIP数据核字第2024D5D711号

保育员口语与沟通

Baoyuyuan Kouyu yu Goutong

出版发行 高等教育出版社
社　　址 北京市西城区德外大街4号
邮政编码 100120
印　　刷 辽宁虎驰科技传媒有限公司
开　　本 889mm×1194mm 1/16
印　　张 12.25
字　　数 200千字
购书热线 010-58581118
咨询电话 400-810-0598
网　　址 http://www.hep.edu.cn
　　　　 http://www.hep.com.cn
网上订购 http://www.hepmall.com.cn
　　　　 http://www.hepmall.com
　　　　 http://www.hepmall.cn
版　　次 2021年 8 月第1版
　　　　 2025年 3 月第2版
印　　次 2025年 8 月第2次印刷
定　　价 35.80元

策划编辑 于　腾
责任编辑 张文若
封面设计 赵　阳
版式设计 童　丹
责任校对 王　雨
责任印制 赵　佳

物 料 号 62479-00

读者意见反馈

为收集对教材的意见建议，进一步完善教材编写并做好服务工作，读者可将对本教材的意见建议通过如下渠道反馈至我社。

咨询电话　400-810-0598
反馈邮箱　zz_dzyj@pub.hep.cn
通信地址　北京市朝阳区惠新东街 4 号富盛大厦 1 座
　　　　　高等教育出版社总编辑办公室
邮政编码　100029

防伪查询说明

用户购书后刮开封底防伪涂层，使用手机微信等软件扫描二维码，会跳转至防伪查询网页，获得所购图书详细信息。

防伪客服电话　(010) 58582300

学习卡账号使用说明

一、注册 / 登录

访问 https://abooks.hep.com.cn，点击"注册 / 登录"，在注册页面可以通过邮箱注册或者短信验证码两种方式进行注册。已注册的用户直接输入用户名加密码或者手机号加验证码的方式登录。

二、课程绑定

登录之后，点击页面右上角的个人头像展开子菜单，进入"个人中心"，点击"绑定防伪码"按钮，输入图书封底防伪码 (20 位密码，刮开涂层可见)，完成课程绑定。

三、访问课程

在"个人中心"→"我的图书"中选择本书，开始学习。

如有账号问题，请发邮件至：4a_admin_zz@pub.hep.cn。